I0413799

LEANDRO GOMES

Caminho Português de Santiago

os meandros de um caminho

dissertação

flybooks

www.fly-books.weebly.com
geral.flybooks@gmail.com

Ficha Técnica:

Autor - Leandro Gomes
Título - Caminho Português de Santiago
meandros de um caminho
Capa - flybooks
Imagem da Capa - Leon F. Cabeiro©
Revisão de Texto - flybooks
Paginação - flybooks
Edição - flybooks
1ª Edição - Setembro 2016, Lisboa
ISBN - 978-1540004895
Depósito Legal - 422584/17
Impressão e Acabamento - VRI Impressores

Agradecimentos

Estas são singelas páginas que compõem parte duma caminhada, caminhada do saber, caminhada de histórias, caminhada de vidas… Caminhos que se entrecruzam e que também seguem por meandros. Variáveis interpretativas de se perceber e/ou construir os caminhos, sejam eles intrínsecos e/ou extrínsecos.

Contudo, o mais relevante é pôr-se no caminho, o caminhar, ter um objetivo onde se almeja chegar. Construir-se e reconstruir-se nesta caminhada.

E claro, quantas das vezes, em momentos e terrenos mais acidentados e tortuosos desses caminhos, lançasse mão do cajado, da mão amiga que ampara, que auxilia a transpor os obstáculos.

Assim, a todas(os) que contribuíram de forma direta ou indireta para a concretização deste trabalho, àquelas(es) do pretérito e do presente, dos visíveis ou invisíveis, nos distintos espaços e tempo, reafirmo e registo os agradecimentos pelos vossos contributos.

O presente livro foi elaborado a partir da dissertação apresentada no âmbito do programa de Mestrado em Antropologia Social e Cultural do Departamento de Ciências da Vida, da Faculdade de Ciências e Tecnologia da Universidade de Coimbra, como requisito parcial para a obtenção do título de Mestre em Antropologia Social e Cultural, cujo orientador foi o Professor Doutor Nuno Manuel de Azevedo Andrade Porto.

Índice

Introdução

O património é uma herança que faz parte do indivíduo, ou do coletivo, quando existe um processo para que os indivíduos usufruam e se apropriem de maneira efetiva dessa herança, tendo consigo o sentimento de conhecimento e reconhecimento dela, como um legado deixado por gerações passadas, e se tem a preocupação e o interesse de a preservar para as futuras gerações. Esta herança é símbolo da identidade, um elemento que faz com que esse povo e sua cultura se diferenciem das demais, por serem detentoras de características peculiares que são também elementos de aproximação entre as pessoas. (IPHAN,1999)

A UNESCO - Organizações das Nações Unidas para a Educação e Ciências e Cultura[1] -, em conferência realizada entre 17 de Outubro a 21 de Novembro de 1972, elaborou uma convenção geral para propor medidas de salvaguarda, uma vez que foi constatado pela UNESCO que os patrimónios, cultural e natural, estavam ameaçados por processos naturais de desgaste, como o tempo, mas também por ações predatórias, assim como pelos processos de desenvolvimentos social e económico. A maior preocupação da UNESCO adveio do risco de

---

1 - A UNESCO – Organização das Nações Unidas para a Educação e Ciências e Cultura -, é um órgão internacional que tem como objetivo promover a identificação, bem como também a preservação do património cultural e natural considerados de valor excecional para a humanidade.

aniquilação ou degradação de forma irreversível do património natural. (UNESCO, 1972[2])

A UNESCO alegava a necessidade de ação do órgão internacional, uma vez que os países onde esses patrimónios estavam inseridos não dispunham de recursos para garantir a perpetuação desses patrimónios de relevância mundial. Os recursos, aos quais se refere a UNESCO, são financeiros, técnicos e científicos. Para tal, foram constituídas convenções, recomendações e resoluções internacionais, com o objetivo de garantir a proteção desses patrimónios, além de afirmar o reconhecimento e apoio para preservar os patrimónios em questão. Com isso, a UNESCO sublinha a importância desses bens únicos e insubstituíveis, espalhados por todo o globo. (UNESCO, 1972)

Estes bens de excecional interesse, segundo a UNESCO, devem receber uma atenção da coletividade internacional, a fim de garantir a sua proteção e perpetuação para as gerações do presente e futuras. Esse processo de proteção tem que ser realizado, não em substituição dos Estados nas ações de proteção, mas sim auxiliando estes e outras instituições no processo de proteção. (UNESCO, 1972)

Hoje, no mundo, existem cerca de 911 sítios reconhecidos pela UNESCO como sendo património da humanidade, entre os quais 704 são culturais, 180 naturais e 27 são mistos, localizados em 151 Estados. (UNESCO, S/D[3])

Portugal possui 13 bens considerados pela UNESCO como sendo património histórico e cultural da humanidade, (UNESCO, S/D[4]). Outros 13 bens patrimoniais pertencem à lista indicativa, lista essa em que os bens são apresentados à UNESCO como candidatos a serem reconhecidos como património da humanidade. (UNESCO, 2008[5])

---

2 - UNESCO. Conferência Geral 1972.

3 - UNESCO. Lista de Património Mundial em Portugal. Última em atualização 2008.

4 - UNESCO. Lista de Património Mundial em Portugal. Última em atualização 2008.

5 - UNESCO. Lista Candidaturas a Património Mundial em Portugal. Última em atualização 2008.

Em 13 de Dezembro de 2009, a Associação Espaço Jacobeus[6], em reunião realizada com Câmaras Municipais, entidades de turismo, e direções regionais de cultura, elaboraram a "Carta Grijó", que tem como um objetivo, entre outros, trabalhar junto com o Estado e a UNESCO para o reconhecimento do Caminho Português de Santiago, para que seja inscrito na lista do património da humanidade. O pedido de reconhecimento do Caminho Português de Santiago foi realizado pela Associação Espaço Jacobeus em 2010, tendo no horizonte o ano de 2021 - Ano Santo[7] -, para que nessa altura o Caminho de Santiago Português se encontre reconhecido como património da humanidade (Associação e Espaço Jacobeus, 2010).

O Caminho de Santiago de Compostela foi proclamado em 1987 pelo Conselho da Europa como sendo o primeiro itinerário cultural europeu; o Caminho de Santiago espanhol já foi reconhecido pela UNESCO como património da humanidade em 1993 e o Caminho Francês recebeu o título em 1998 (UNESCO, 2007).

A possibilidade de o Caminho de Santiago em Portugal vir a ser declarado património da humanidade é um motivo acrescido para se querer compreender a relação que os atores e as organizações sociais existentes ao longo do caminho têm com esse património, servindo como referência norteadora de um possível processo de transformação após a concretização do processo de reconhecimento. Esta investigação pode, portanto, servir como um contributo.

Para a presente investigação foram realizadas entrevistas e registos das vivências e motivações dos peregrinos, entrevistas com pessoas li-

---

6 - A Associação Espaço Jacobeus é uma associação religiosa católica que tem como objetivo incentivar e auxiliar as pessoas que realizam a peregrinação até o túmulo do Apóstolo Santo Tiago Maior, na cidade Compostela.

7 - Ano Santo – a festa de comemoração do martírio do Apóstolo S. Tiago Maior é celebrada no dia 25 de Julho, quando este dia coincide com um domingo é então considerado Ano Santo. O primeiro Ano Santo foi decretado em 1112 pelo Papa Calisto II, porém só em 1179, Alexandre III decreta a perpetuidade da data. O próximo Ano Santo será em 2021.

gadas aos albergues de peregrinos - como os voluntários, funcionários e responsáveis pela gestão dos albergues públicos -, gestores públicos e outras associações ligadas de forma direta com o Caminho de Santiago Português, e o representante da igreja católica responsável pela peregrinação a Santiago de Compostela.

O conhecimento da realidade é importante para auxiliar no processo de preservação e também na gestão, seja no presente e/ou futuro, principalmente se for efetivado o processo de reconhecimento do Caminho de Santiago Português como património da humanidade pela UNESCO, pois isto pode acarretar um aumento no fluxo de pessoas a realizar a peregrinação (segundo dados estatísticos da Oficina do Peregrino de Santiago de Compostela[8], o Caminho Português é a segunda maior rota de peregrinação à cidade de Santiago de Compostela, sendo crescente ao longo dos anos, o número de pessoas a realizar a peregrinação a Santiago de Compostela, pelo Caminho Português).

O processo de registo e entendimento de como as organizações governamentais e não-governamentais, os gestores e trabalhadores dos albergues percebem o caminho, os peregrinos e os albergues, bem como as ações diretas e indiretas para com o caminho, os peregrinos e os albergues, podem auxiliar no processo de planeamento e de gestão do espaços e das relações entre os peregrinos e populações locais. Outro fator de grande relevância nesta investigação é o registo das relações entre os peregrinos, das motivações para realizar o caminho e das perceções e vivências dos peregrinos durante a peregrinação, pelo Caminho Português de Santiago.

Em suma, o objetivo deste trabalho de investigação é fazer uma leitura sincrónica e verificar a perceção e ligação dos atores ao longo do Caminho de Santiago Português (Medieval), ou seja, que ações são desenvolvidas pelas comunidades situadas ao longo do caminho, bem como verificar qual é a perceção e quais são as ações dos atores para com os peregrinos que realizam o caminho, e também realizar um registo da visão e das vivências dos peregrinos.

---

8 - Oficina do Peregrino de Santiago de Compostela/ Dados estatísticos. Disponível em: http://peregrinossantiago.es/esp/post-peregrinacion/informes-estadisticos/

Capítulo 1

Investigação Exploratória

Antropologia, Cultura e Património

Desde o surgimento da antropologia, no século XIX, como campo de investigação sistémica, há duas questões sempre em aberto, sendo elas: como estão arranjados os sistemas culturais e como os elementos culturais se arranjaram para construir o que são hoje, (Kaplam/Manners, 1975).

Os arranjos culturais, ou teias culturais, na escala macro ou micro, são objetos de estudos da antropologia, seja ela no presente ou passado, tidas como modernas ou não, como diz Gonçalves (1992)."A antropologia estuda o homem na sua identidade e alteridade. Não se trata, apenas do estudo de tudo que compõe uma sociedade; trata-se fundamentalmente, do estudo de todas as sociedades humanas, das culturas humanas nas suas diversidades históricas e geográficas, abrangendo as nossas sociedades industriais e tecnológicas, desde as pequenas comunidades rurais aos grupos marginais e aos grupos urbanos." (Gonçalves,1992, p. 21)

As transformações culturais causadas por elementos internos, externos ou ambos, podem causar um processo de homogeneização das culturas, sendo necessário compreender as dinâmicas e processos envolvidos e registar os elementos que acarreta esta transformação, como diz Gonçalves (1992).

Os antropólogos estão diretamente confrontados, hoje com um movimento de homogeneização sem precedentes na história, ou seja, com o desenvolvimento de uma forma de cultura industrial e urbana e de uma forma de pensamento do racionalismo social. A questão que se lhes coloca, constantemente, é a de saber como uma sociedade pode chegar ao estágio de desenvolvimento industrial, pós industrial ou tecnológico sem choques dramáticos e sem riscos de despersonalização, desestruturação e de negação da sua identidade e unidade. Um dos objetivos essenciais da antropologia é ajudar as atores sociais a compreenderem este desenvolvimento desta diferença, sem excluir, porém, que esse objetivo se concretize subsidiariamente. (Gonçalves,1992, p. 27)

Os estudos das sociedades através da vertente antropológica, têm-se tornado cada vez mais um importante elemento de registro acerca destes grupos sociais, permitindo também a comparação entre grupos e suas mudanças, como diz Batalha (2005)."A investigação antropológica envolve a comparação entre sociedades, ou culturas, tendo em conta as mudanças culturais e biológicas que neles ocorrem. Toma como objeto da sua investigação as populações humanas na sua diversidade em diferente locais e épocas". (Batalha, 2005, p.25)

A antropologia cultural e social busca compreender quais as relações existentes nos grupos sociais, ou seja, das relações entre indivíduos e destes com o meio em que habitam ou transitam, como é colocado por Batalha (2005). "Envolve o estudo detalhado das diferentes sociedades humanas. Ou, como diz Bates, "o estudo de culturas tomadas individualmente, designado por etnografia, assim como a análise e interpretação dos dados recolhidos de modo a descobrir padrões culturais, designado por etnologia" (1999:7)".(Batalha, 2005, p.27)

Uma vez que os cientistas dizem que o ser humano veio de uma única espécie Homo sapiens, a antropologia busca explicações para as diferenças e semelhanças, mudanças e transformações da cultura, encontrando nos elementos do tempo e do espaço a base para a estabilidade que mantém uma cultura. Sendo assim, a antropologia busca ainda conhecer quais os elementos de instabilidade que são responsáveis pela transformação, que podem consistir de elementos internos, ou serem externos, ou mesmo ambos, (Batalha, 2005).

A mudança da cultura é resultante de complexos jogos entre forças e grupos sociais, provocando alterações nas estruturas das organizações sociais. Esses processos de mudança podem ser graduais ou ocorrem de forma brusca. Quando se dão de forma brusca, pode acarretar sérios danos para a estrutura sociocultural, (Cuche, 1999).

A ideia de cultura segue um rumo que se distancia de fatores genéticos e raciais e se aproxima de questões de adaptação ao meio ambiente, sendo que este processo teve início há cerca de quinze milhões de anos. A cultura tem como base as questões sociais, que são definidas através de um processo de escolha de viver junto a certo grupo e pela aceitação por parte do grupo, (Geertz, 1978).

As questões teóricas da cultura são foco de crítica, pois são vistas como elementos teóricos incompletos, pelo facto de envolverem teorias que não abrangem o todo, sendo sugerido que, se não abrangem o todo, não fazem sentido, pois o que as teorias procuram é generalizar os factos, o que neste contexto não é possível, (Handler, 1988).

Nesta busca de compreender o que é cultura e quais elementos são compostos por ela, está o património, em que se assim se pode dizer, são entrelaçados, uma vez que transmissão desde cultura e tida como património, e que a valorização e preservação deste bens patrimoniais são uma busca de afirmar uma cultura.

A Associação Brasileira de Bacharéis em Turismo - ABBTUR (2003) -, diz que da origem e preocupação em preservar o património sendo que esta remonta ao século XVIII: "A noção de património é datada, produzida, assim como ideia de nação, no final do século XVIII, durante a revolução Francesa, e precedia, na civilização ocidental pela 'autonomização' das noções de arte e História. O histórico e o artístico assumem nesse caso, uma dimensão estrutural e passam a ser utilizados na construção de uma representação de nação." (ABBTUR, 2003, p. 158).

Esta nova conceção de património vem atrelada à ideia de que o património é uma representação da nação, que estes conjuntos de bens formam um sentimento de pertença de uma nação ou de uma localidade e justifica o processo para perpetuar estes símbolos da identidade.

Segundo Silva (2003) na conferência-geral da Organização das Nações Unidas para a Educação, a Ciência e a Cultura, realizada em Paris, de 17 de outubro a 21 de novembro de 1972, em sua décima sétima sessão, definiu-se que património cultural é:

- os monumentos: obras arquitetónicas, de escultura ou de pintura monumentais, elementos ou estruturas de natureza arqueológica, inscrições, cavernas e grupos de elementos que tenham um valor universal excecional do ponto de vista da história, da arte ou da ciência;

- os conjuntos: grupos de construções isoladas ou reunidas que, em virtude de sua arquitetura, unidade ou integração na paisagem, tenham um valor universal excecional do ponto de vista da história, da arte ou da ciência;

- os lugares notáveis: obras do homem ou obras conjugadas do homem e da natureza, bem como as zonas, até mesmo lugares arqueológicos, que tenham valor universal excecional do ponto de vista histórico, estético, etnológico ou antropológico. (Sílvia, 2003, p. 184)

Esses conceitos mostram que são considerados património os elementos que tenham relevância universal, como os que são representações da história de povos, registos materiais das relações sociais, criações e modificações do ser humano no meio ambiente.

Para o IPHAN – Instituto do Património Histórico e Artístico Nacional (1999) -, o Património Cultural Brasileiro:

"... não se resume aos objetos históricos e artísticos, aos monumentos representativos da memória nacional ou aos centros históricos já consagrados e protegidos pelas instituições e agentes governamentais responsáveis por essa proteção, como o IPHAN, Instituto do Património Histórico e Artístico Nacional, no âmbito federal, e os órgãos de património estaduais e municipais. Existem outras formas de expressão cultural que constituem o património vivo da sociedade brasileira: artesanatos, maneiras de pescar, caçar, plantar, cultivar e colher, de utilizar plantas como alimentos e remédios, de construir moradias e fabricar objetos de uso, a culinária, as danças e músicas, os modos de vestir e falar, os rituais e festas religiosas e populares, as relações sociais e familiares, as canções, as histórias e lendas contadas de geração a geração, tudo isto revela os múltiplos aspetos que pode assumir a cultura viva e presente em uma comunidade." (IPHAN, 1999, p. 7)

Este conceito permite entender de forma bem clara os elementos que compõem o património, e como estes estão presentes no quotidiano de cada ser humano, bem como o quanto estas atividades quotidianas são importantes no processo de representação da cultura nacional e na identidade dos grupos sociais e de indivíduos, sendo estes elementos do passado e do presente, mecanismos de sobrevivência e perpetuação da cultura.

A definição do IPHAN salienta que o património é uma herança que faz parte do indivíduo, ou do coletivo, quando existe um processo para que os indivíduos usufruam e se apropriem de maneira efetiva dessa herança, tendo consigo o sentimento de conhecimento e reconhecimento como um legado deixado por gerações passadas; quando se tem a preocupação e o interesse de preservá-la para as futuras gerações, como símbolo da identidade, um elemento que faz com que esse povo e sua cultura se diferencie dos demais nas suas características peculiares, que são também elementos de aproximação dos irmãos e irmãs da rica e extensa cultura brasileira.

O património histórico-cultural constrói-se de elementos que compõem o passado da história do homem, que são símbolos representativos da cultura e possibilita o entendimento sobre o seu passado, suas raízes e sobre os elementos naturais e construídos em sua volta, (ABBTUR, 2005).

Consideramos património histórico-cultural bens materiais ou imateriais que nos remetem a algum período do passado histórico caracterizando a cultura de determinado povo ou região. O património cultural pode ser entendido como o conjunto de bens que proporcione ao ser humano o conhecimento e a consciência de si e do ambiente que o cerca. O valor do bem cultural é diretamente proporcional à sua capacidade de estimular a memória. (ABBTUR, 2005, p. 4).

Segundo o Instituto de Pesquisa e Formação em Educação Indígena – IEPÉ (2006), o património cultural imaterial é:

- as tradições e expressões orais, incluindo a língua como veículo do patrimônio cultural imaterial,

- dança, música e artes da representação tradicionais,

- as práticas sociais, os rituais e eventos festivos, os conhecimentos e os usos relacionados à natureza e ao universo,

- as técnicas artesanais tradicionais. (IEPÉ, 2006, p. 10-11)

Até à primeira metade do século XIX, o termo e conceção de património cultural era utilizada para obras de arte consagradas e monumentos de luxo associados à classe dominante da sociedade política e civil. Neste contexto, as construções cuja preservação se revestia de interesse eram antigos palácios, residências de nobres ou locais que foram palco de factos marcantes da história política, o que se justificava pela convicção de que através destes bens patrimoniais era possível ligar o passado ao presente, constituindo elementos da identidade nacional, (Barreto, 2000).

Lima (2005), em artigo publicado na revista eletrónica do IPHAN, define património como:

O património cultural de um povo não se constitui só dos bens móveis ou imóveis independentemente de serem públicos ou privados, porém de toda manifestação que se origine de conceitos históricos, ambientais, paisagísticos, arquivísticos, etnográficos, que em alguma época possam ter contribuído para a consolidação da identidade de um grupo social. Aspetos estilísticos cognitivos e afetivos com a população local devem ser sempre ajuizados no processo de investigação de um bem a preservar. Preservar e restaurar bens não quer dizer "cristalizá-los" como peças ou museus. O cerne da questão é justamente a forma de dar uso aos bens preservados sem retirar o significado destes. Ao proteger os bens culturais de uma sociedade, visa-se na realidade preservar-lhe a identidade cultural, pois, ao perder ou ver alteradas expressivas manifestações arquiteturais e paisagísticas, o indivíduo perde também os referenciais que permitem sua identificação com a cidade em que vive, em especial quando tecidos antigos são arrasados e novos objetos urbanos passam a compor a paisagem, com maciças alterações na escala do lugar. (Lima,2005. p.5)

O autor argumenta que não só o património material faz parte desse processo representativo da identidade de um povo, ressaltando a importância do património imaterial. Outro ponto destacado é o conjunto de mecanismos de preservação deste património, nos quais se faz necessária a identificação da população ao qual pertencente, tomando-o como elemento vivo em sua cultura, de forma que existam laços de ligação entre a população e o património em questão. Dessa forma, constitui-se, através dessa ligação entre património material e imaterial (público ou privado), o elemento da identidade.

Já Costa (2006) faz uma referência etimológica para explicar e definir património, onde a relação com o passado é vista como um legado, e onde existe uma gama de experiências e saberes deixados às gerações do presente e às futuras, de forma a compreender e aprender com esse passado. "A origem da palavra Património é do latim e é derivada de pater, que significa pai. É utilizada no sentido de herança, legado, aquilo que o pai deixa para os filhos. Também se refere ao conjunto de bens produzidos por outras gerações, por bens que resultam em experiências, coletivas ou individuais, para se tornarem perpétuas" (Costa, 2008. p.8).

As mudanças ou agregações de sentidos na utilização do termo património é um demostrativo de que os processos e as tentativas de cristalização de termos e conceitos é algo de difícil construção, para não dizer impossível, com diz Choay (2010).

Património. Esta bela e muito antiga palavra estava, na origem, ligada às estruturas familiares, económicas e jurídicas de uma sociedade estável, enraizada no espaço e no tempo. Requalificado por diversos adjetivos (genético, natural, histórico ...) que fizeram dela um conceito "nómada", prossegue hoje em dia um percurso diferente e notório. (Choay, 2010. p. 11)

O termo Património assumiu, ao longo da história, diversos significados e sofreu transformações, desde a sua origem etnológica, aos dias atuais. Rodrigues (2005) faz uma pequena síntese deste processo de transformação e incorporação de significados:

A palavra património pode assumir sentidos diversos. Originalmente esteve relacionada à herança familiar, mais diretamente aos bens materiais. No século XVIII, quando, na França, o poder público começou a tomar as primeiras medidas de proteção aos monumentos de valor para a história das nações, o uso de "património" estendeu-se para os bens protegidos por lei e pela ação de órgãos especialmente constituídos, nomeando o conjunto de bens culturais de uma nação,(Rodrigues, 2005. p.16).

A criação de patrimónios nacionais intensificou-se durante o século XIX e serviu para criar referenciais comuns a todos que habitavam um mesmo território, unificá-los em torno de pretensos interesses e tradições comuns, resultando na imposição de uma língua nacional, de "costumes nacionais", de uma história nacional que se sobrepôs às memórias particulares e regionais. Enfim, o património passou a constituir uma coleção simbólica unificadora, que procurava dar base cultural idêntica a todos, embora os grupos sociais e étnicos presentes em um mesmo território fossem diversos. O património passou a ser, assim, uma construção social de extrema importância política. Nesse último sentido, a palavra património indica uma escolha oficial, o que envolve exclusões; também significa algo construído para ser uma representação do passado histórico e cultural de uma sociedade. (Rodrigues, 2005. p. 16)

Fica claro em Rodrigues (2005) que o processo de patrimonialização consiste de escolhas, ou seja, eleger determinados elementos de determinada cultura que serão elementos representativos de uma história e de uma identidade, sendo que este processo de escolha pode ser espontâneo, nascendo de forma natural dentro do grupo ou grupos sociais, ou resultar de uma intervenção por parte dos representantes políticos.

O património é algo vivo e mutável, como também são os grupos socias. Assim, podem existir diferentes interpretações para determinados elementos patrimoniais, em determinado tempo histórico, envolvendo questões políticas para determinados grupos sociais, como destaca Rodrigues (2005).

A construção do património cultural é um ato que depende das concepções que cada época tem a respeito do que, para quem e por que preservar. A preservação resulta, por isso, da negociação possível entre os diversos setores sociais, envolvendo cidadãos e poder público. O significado atribuído ao património também se modifica segundo as circunstâncias de momento. (Rodrigues, 2005. p.16)

Este ato de escolher, de destacar determinados elementos, pode ser realizado em consequência do interesse de estabelecer uma identidade, ressaltar valores concretos, sob a pressão de interesses económicos, políticos e sociais, ou seja, não se pode afirmar que um determinado bem patrimonial, mesmo que reconhecido por grupos e instituições públicas, ou não, seja um fiel representante da totalidade dos elementos de um grupo social, com diz Soares (2009).

Inventa-se o património a cada vez que determina-se (quem determina?) que um prédio, um local ou um hábito seja considerado um património por todos. Busca-se que algo seja defendido por todos, mas na verdade se omite que estes elementos representam somente uma parte, um grupo ou uma classe da sociedade. (Soares, 2009. p. 21)

O património cultural exerce um papel para determinados grupos sociais, orientando de certa forma o processo de união dos grupos e suas relações com o espaço, com explica Rodrigues (2005):

...entendemos que, além de servir ao conhecimento do passado, os remanescentes materiais de cultura são testemunhos de experiências vividas, coletiva ou individualmente, e permitem aos homens lembrar e ampliar o sentimento de pertencer a um mesmo espaço, de partilhar uma mesma cultura e desenvolver a perceção de um conjunto de elementos comuns, que fornecem o sentido de grupo e compõem a identidade coletiva. (Rodrigues, 2005, p.17)

Soares (2009) faz uma leitura do que o conceito abrange, reconhecendo a multiplicidade de sentidos, mas sublinhando o carácter comum que lhe subjaz, que é a herança, o legado, algo que é transmitido com caráter benéfico.

Atualmente a discussão sobre o que é patrimônio ultrapassa a tradução de pater=pai (em latim) e nomos= legado, herança (em grego). Embora saibamos que o patrimônio pode estar associado ao que recebemos ou herdamos do pai e da família, não podemos esquecer que também está diretamente associado aos bens, ou seja, conotação financeira do que possuímos ou adquirimos de alguma forma. Assim, a concepção do patrimônio nasce na forma de herança de caráter cultural, mas também, econômica. A compreensão desta dubiedade é importante para traçar os (des) caminhos do patrimônio desde suas origens até sua transformação em bens culturais." (Soares, 2009,p.20)

O património, material e/ou imaterial, constitui-se de elementos de registo da memória de povos e/ou grupos, sendo importante o processo de registo e salvaguarda, pois através destes é possível compreender como era e/ou como é a trama construída através dos tempos, como é referido por Zanirato (2009).

O patrimônio cultural é o legado que outros povos e civilizações deixaram em nossas terras e que contribuem para perpetuar a memória dos caminhos percorridos. A salvaguarda, difusão, conservação e gestão dos bens aos quais se atribuiu valor patrimonial são procedimentos necessários para preservar as histórias e as identidades que o patrimônio expressa e impedir sua destruição ou descaracterização. (Zanirato,2009.p.78)

O processo de preservação deve ter como base a relação que o património tem com o meio onde está inserido, a maneira como a comunidade local se relaciona, o significado e o contexto histórico que o elemento possui, buscando restabelecer e/ou manter a relação harmoniosa para com esses, (Beni, 2001).

Esse processo de recuperação de traços, usos e costumes para a reconstrução e redignificação do patrimônio, apoia-se em duas fontes disponíveis ao pesquisador: a primeira é a observação e constatação direta da existência de todo um conjunto significativo legado pela transmissão (tais como ofícios, profissões, artesanato, música, dança e outros elementos étnico-culturais), seja pelas manifestações do quotidiano que expressam atitudes e valores da teogamia estabelecida no espaço e no tempo próprios da comunidade estudada. (Beni, 2001, p. 91)

Essas definições de património demonstram que existem várias formas de entender e ver os elementos patrimoniais, e que não se pode afirmar que esta ou aquela é incorreta, mas sim que há diferentes óticas para compreender e investigar os elementos patrimoniais. Assim se faz necessário compreender como as diferentes nações, comunidades e grupos tem ligações com seu patrimônio cultural, ligações que podem ter vários motivações, como também ocorre no Caminho de Santiago Português.

Peregrino e Peregrinação

Duque (2005) faz uma leitura atual dos processos de viagens que são realizados, bem como do processo de perceção deste deslocamento em face das novas tecnologias:

…vivemos numa cultura em cujo quotidiano escasseia a experiência da caminhada a pé. O processo tecnológico-industrial, que animou sobretudo a Europa dos últimos séculos, conduziu a um desenvolvimento extremo da deslocação através de meios técnicos. Quase se torna realidade o famoso dom da ubiquidade, só que desta vez em virtude de uma conquista humana e não por gratuito dom celeste." (Duque 2005, p.233-234)

…Estamos em todo o lado, sem verdadeiramente estar em lado nenhum, isto é, porque não vamos a lado nenhum, isto é, porque não percorremos a distância entre os espaços que nos separam. Apenas estamos, de repente, aqui ou acolá, perto ou longe. Mas não andamos entre aqui e acolá, entre o perto e o longe. (Duque 2005, p. 234)

Acostumados a utilizar meios de transporte para nos movimentarmos de um local para o outro, realizamos uma movimentação que não é nossa e classifica como "deslocação na real": (Duque, 2005). … "O percurso não é nosso – ou melhor, não chega a ser percurso, uma vez que através dos meios técnicos, simplesmente engolimos a distância, absorvemo-la sem saborear, sem ser marcada pela demora do trajecto…"; "…O mundo passa a ser apenas asfalto para as rodas, sem terra para pés de carne e osso." (Duque 2005, p.234). Segundo ele, as viagens em transportes técnicos da atualidade eliminam o caminho, e fazem com que a experiência da viagem seja a partida e a chegada.

Outras formas há de viajar sem mesmo ter as partidas e as chegadas, em que são utilizadas tecnologias virtuais para visitar lugares pelo mundo, no conforto do lar, através do ecrã, e sem intervalos do deslocamento de um lugar ao outro, bastando apenas carregar em botões, (Duque, 2005).

Os meios de transportes da atualidade e a ferramentas tecnológicas virtuais estão a reduzir os hábitos de caminhar e fazer viagens e deslocamento através do passo a passo, em locais dignos de serem vivenciados metro a metro. E diz: "... O mundo é feito desses espaços contínuos e não apenas de isolados átomos espácio-temporais da partida e da chegada. Para partir e chegar, é preciso percorrer a distância. Caso contrário, a partida não é saída para lado nenhum e à chegada nunca alguém chegara." (Duque 2005, p.234).

Somente a viagem a pé é capaz de levar o indivíduo a outro lugar, pois assim, através do passo a passo, ele pode inserir-se de forma gradativa num meio diferente do seu quotidiano e sentir um outro sítio, uma outra cultura: "... porque só quem caminha a pé se põe verdadeiramente a caminho..." "... nessa experiência de imersão no caminho que o ser humano sente verdadeiramente o seu egocentrismo contrariado. Sai de si, para entrar em algo diferente de si, surpreendente, inesperado, por vezes mesmo dolorosa oposição a si mesmo..." (Duque, 2005, p.235).

Lima (2007) faz uma abordagem em que descreve um pouco do percurso histórico e cultural dos processos de surgimento dos trajetos de peregrinação no contexto mundial, referindo que estes processos despertam grande interesse em várias linhas de investigações, devido à complexidade de factos envolvidos.

...ao longo da história da humanidade, como se os santuários aparecessem como termóstato da intensidade existencial da experiência religiosa. Lugares de peregrinação, de romaria ou de visita devocional foram assim os santuários semitas do século XII da era pré-cristã, como são assim os santuários hiperorganizados de Meca, de Lourdes ou de Fátima; funcionam assim os lugares santos de Benares, Jerusalém, de Guadalupe ou de Santiago de Compostela, como funcionam também os santuários da Grécia antiga. Milhões de peregrinos em Lourdes, na Aparecida (em São Paulo), em Jerusalém, em Meca ou em Fátima: uma experiência disseminada pelos quatro cantos do mundo, que instiga a reflexão de historiadores, antropólogos, sociólogos e teólogos. (Lima, 2007, p.10)

Lima (2007) aponta uma das questões que levam as pessoas a realizarem peregrinações, ou seja, uma das motivações, que para ele pode ser entendida como uma necessidade:

A peregrinação, como aliás as romarias, pertencem, em grande parte, a este universo, no qual o homem procura soluções para uma vida sensata através de uma justa conjugação do adquirido e do recebido, do tido e do sentido, do palpável e do místico, do sensível material e do sensível espiritual. (Lima, 2007, p.121)

Lima (2007), descreve também o ambiente a que o peregrino é exposto, ou melhor, é imerso durante a sua peregrinação, dos riscos e medos, ou seja, do ambiente fragilizante que o peregrino se propõe vivenciar a fim de realizar a peregrinação:

A peregrinação desenvolve-se no horizonte vasto de uma escuta permanente das contingências: perigos pessoais e de grupo, indigências físicas e questões de ordem moral, medos do fim e desafios contra infortúnios, moléstias e doenças, golpes da sorte e quebras de energias… (Lima, 2007, p.124)

A peregrinação caracteriza-se por uma viagem que é realizada por devoção a um local sagrado, contendo três elementos fundamentais: o peregrino, o local sagrado e o caminho que leva até esse local. Porém, é relevante salientar que os motivos que levam os indivíduos a realizar a peregrinação são bastante diversos e não se resumem a questões religiosas, (Pereira, 2003).

Buscando os sentidos do verbo peregrinar, Cardoso (2005) constrói uma referência entomológica que encontra a origem da palavra no latim per agro, ou seja, caminhar pelos campos rumo a um local sagrado, em que o indivíduo emprega esforço físico e um certo grau de risco, com o objetivo de ter contacto com algo diferente de seu quotidiano, em busca de novas experiências.

Lima (1994) faz uma abordagem antropologia e teológica do conceito de peregrinação, afirmando que todos na planeta terra estão em constante peregrinação, em busca de um processo de compreensão dos acontecimentos da vida, processos que ocorrem pelo facto de existir permanente instabilidade e transformação dos seres e do mundo.

Lima (1994) cita M. Heidegger, segundo o qual o ser humano se coloca em êxodo permanente, em busca de sair de si, de se abandonar para se compreender, sendo peregrinar uma forma de realizar este processo:

... "peregrinação" não é somente uma categoria histórica, nem muito menos uma categoria ligada ao Ocidente ou ao Cristianismo. É certo que a Igreja tem, ao longo da sua história, criado um berço cultural onde a peregrinação aparece na sua vertente sociológica com grande aparato em contextos bem diferenciados. Porém, a peregrinação está nos meandros do ser humano como o sangue que corre nas veias da vida. Peregrinar não é um ato meramente extrínseco ao homem, como se de deslocação se tratasse apenas; peregrinar pertence ao âmago do ser. Neste sentido podemos traduzir o pensamento heideggeriano em relação à existência como a experiencia dinâmica de um ser peregrinamente, não no sentido apenas metafórico mas de índole instituinte. Daí que a noção bíblica de "peregrinante" possa constituir um paralelo com a noção contemporânea de existência (Lima, 1994, p.54).

De acordo com a citação acima, peregrinar pertence ao ser humano como um processo de busca, não uma busca externa, mas como um processo interno, uma necessidade de transformação e compreensão, que está além dos valores religiosos ou culturais de um determinado grupo ou nação, de uma faixa de tempo. Assim, ele afirma que peregrinar está presente em todos os seres humanos, que estão em constante busca e transformação.

Lima (1994) continua:

...O homem é ser insatisfeito como é ser de esquecimento; experimenta com facilidade a instalação de obstáculo, que o leva a uma grande ausência de sentido e até à perda à das razões de existir. Talvez esteja aqui uma razão profunda para a proliferação das peregrinações na época que vivemos – como aliás noutras épocas da história. O homem instalado pertence reavivar a memória como é ser peregrino, daí que o contexto actual seja de uma reorganização de peregrinações como é também de ampla facilidade de instalação cómoda. (Lima, 1994, p.56)

Neste trecho, o autor justifica o processo de aumento no número de pessoas a realizarem peregrinações, com a necessidade, em alguns casos, de encetar uma busca de sentido nas suas vidas, sendo este processo de movimentar-se, ou melhor dizer, sair do seu ambiente quotidiano, uma das formas dessa busca e construção ou reconstrução de sentidos para viver.

O ser humano, por natureza, segundo Lima (1994), um ser nómada, que vive à procura, mas que em alguns casos e em dados momentos, se acomoda, tomando um local de passagem como um local de chegada prática a que ele chama transformar o ser peregrino num ser sedentário, e em que a suposta estabilidade gera uma acomodação, num processo classificado por ele como o "vício da instalação", cujo tempo de permanência varia de indivíduo para indivíduo.

Lima (1994), faz-se uma interpretação teológica do ato de peregrinar, citando a história bíblica de Êxodo, contendo os episódios de Abraão e Ló, a quem Deus ordenou que abandonassem, respetivamente, Ur dos Cananeus (e seguisse para a terra de Canaã) e Sodoma, envolvendo pois estes eram locais de vícios, que dificultariam a elevação e evolução moral do ser, sendo que este processo de deslocamento, ou seja, de peregrinação, uma forma romper com a "vício da instalação", permitindo romper com a inércia, o comodismo implícitos em certos valores e práticas tidas como inferiores.

Lima (1994) define peregrinação como:

A Peregrinação, cremos, se é como já dissemos, uma dimensão antropológica de fundamento, também é um processo socioantropologico de memória. Não se trata apenas de recordar o itinerário dos antepassados, a história de um lugar sagrado ou os benefícios espirituais pertencentes ao almanaque do santo; em tudo isto joga-se, é certo a re-potencialização do ser humano e portanto a revivificação da estrutura da memória enevoada pela poeira das coisas; trata-se sem dúvida de um itinerário exterior, topográfico, mas também de uma "peregrinação interior" que cada homem faz ao santuário do seu ser. É também a peregrinação, como um processo social, o eco visível da busca incessante do homem; é também a força integradora; é portanto o eco da peregrinação interior; é processo de activação da memória social como é fundamentalmente processo de activação da memória do ser. (Lima, 1994, p.58)

Nesta definição torna-se evidente a complexidade dos fatores, históricos, culturais, sociais e religiosos, internos e externos aos seres humanos, e das suas interligações, cuja compreensão é necessária para se compreender as dinâmicas de construção da motivação e/ou necessidade de peregrinar, e do seu papel em diferentes grupos e indivíduos.

A peregrinação faz parte de um processo de diferença e novidade, em que o indivíduo em contacto com indivíduos de diferentes identidades, enceta um processo de afirmação da sua identidade, ou seja, um processo de reafirmação, ao mesmo tempo que o contacto com indivíduos da mesma cultura identitária revive laços culturais e identitários. Sendo assim, a peregrinação é um processo de revitalização da memória e estruturação pessoal, (Lima, 1994). Sem dúvida que na peregrinação há uma aliança da diferença com a novidade, que não se confundem, mas se estimulam reciprocamente.

Assim, ainda do ponto de vista antropológico, a peregrinação é a descoberta do outro diferente, do mundo diferente, do espaço diferente, da organização ritual da vida diferente, de uma orquestração do quotidiano também diferente. Esta diferença é também a novidade em que ao outro, ao mundo habitado, ao espaço, à organização da vida. E tudo isto sob o fascínio de um ponte de chegada –um santuário, uma ermida, uma catedral, uma cidade santa, (Lima, 1994).

Segundo a abordagem teológica de Lima (1994),"O peregrino não está ainda "na Glória", mas vive sob seu signo; não realizou totalmente "banquete das Núpcias", mas assinalou-o; não atingiu ainda a completa bem-aventurança, mas vive-a "em desejo" ao pisar a terra sagrada de um santuário ou de beijar o ícone de um eleito." (Lima, 2005, p.60). Assim, para a teologia, o peregrino é alguém que está a caminho da busca de uma glória, do encontro de algo superior ao seu ser.

Os bastões utilizados pelos peregrinos, espécie de apoio material para auxiliar no caminho, têm uma simbologia que se liga à busca, em outros momentos da vida, de algo para ajudar a enfrentar as dificuldades e sofrimentos, intrínsecos e extrínsecos do ser, do corpo e da alma (Lima, 1994). O momento da chegada ao destino ou à meta a que o peregrino se predispôs, por seu turno, encerra também valor simbólico:

"Os gestos de chegada a um santuário não são apenas o sinal do êxito ou da alegria de uma missão cumprida, nem são apenas também o remate obrigatório pela sujeição à regra ritual. Os gestos dos peregrinos no terminus do percurso são também e essencialmente descarga do peso acumulado ao longo dos dias, entrega catártica das atribulações ou, para dizer de outra forma, oferecimento ritualizado de uma síntese das agruras da vida e ramalhete de um projeto renovador". (Lima, 2005, p.61-62)

No contexto de reflexão aqui construída, a peregrinação não consiste apenas em ir através de uma via determinada, até um local que possui algo de estima, a peregrinação não se resume ao fim, ela é sim ao processo que se concretiza para chegar a esse local, envolvendo as experiências vividas e os sentimentos despertados ao longo da peregrinação.

A História de Santiago

A história do caminho de Santiago tem início com Jesus Cristo e seus 12 (doze) apóstolos, sendo que um deles era Tiago, irmão de João, ambos filhos de Zebedeu e Salomé. Durante a Última Ceia, Tiago sentou-se ao lado direito de Jesus e foi o primeiro a comer o pão e a beber o vinho. O primeiro encontro com os irmãos Tiago e João deu-se quando Jesus caminhava nas margens do lago Tiberíades, enquanto os irmãos ajudavam o seu pai na pesca. Neste encontro Jesus convidou os irmãos a deixarem a pesca para serem pescadores de almas, os irmãos abandonaram o trabalho com o pai e seguiram Jesus, (Cardoso, 2005).

Tiago e João foram os primeiros dos doze apóstolos de Jesus Cristo e João foi um dos quatro evangelistas. Tiago depois ficou conhecido como Tiago Maior, para o distinguir do outro apostolo como o mesmo nome, que passou a ser chamado de Tiago Menor. Tiago Maior é tido como o primeiro mártir do Cristianismo, tendo dedicado a sua vida a divulgar as mensagens de Jesus Cristo, (Cardoso, 2005).

Tiago Maior é o santo que se venera na cidade de Compostela, na Galiza, há 12 séculos, atraindo milhares de pessoas da Europa e do mundo, para a cidade, que leva o seu nome, Santiago. As pessoas dirigem-se a cidade a fim de rezar junto ao túmulo do Apostolo, (Cardoso, 2005).

Segundo a história Cristã, Jesus Cristo, sabendo que sua morte estava próxima, designou Simão como sendo chefe da igreja, deu-lhe o nome de Pedro e disse a Pedro que ele era o responsável por edificar a igreja cristã. Pedro fica então com a responsabilidade de estar à frente da igreja e orientar os apóstolos na missão de espalhar a boa nova, ou seja, as mensagens de Jesus Cristo e os princípios cristãos, (Cardoso, 2005).

Após a morte de Jesus Cristo, Tiago Maior ficou com a responsabilidade de divulgar os princípios cristãos e a palavra de Deus pela península hispânica, a Ibéria. Tiago foi acompanhado por dois discípulos, Teodoro e Atanásio. Poderão ter chegado pelo Sul à Andaluzia ou a

Lisboa e seguido caminho em direção ao norte. Segundo a história, durante a sua caminhada, Tiago pregou aos povos das cidades e vilas por onde passou. Quando chegou a Saragoça, teve sonhos com Pedro, em que este pedia que Tiago voltasse para a Palestina. Assim, ele embarcou em Barcelona e chegou à Terra Santa entre os anos de 43 e 44 da era cristã, (Cardoso, 2005).

Porém, Tiago foi preso e condenado por difundir ideias falsas. Herodes Agripa mandou decapitá-lo em 23 de Maio, mas mesmo na prisão continuou a sua pregação. Existia um ritual na época de atirar o cadáver dos executados para fora das muralhas da cidade, como um ato de desprezo por eles, a fim de serem devorados por animais selvagens. No entanto, Atanásio e Teodoro conseguiram resgatar o corpo de Tiago e fugiram numa embarcação, (Cardoso, 2005).

O episódio da viagem com o corpo do Apóstolo é também cercado de lenda, pois o barco que Atanásio e Teodoro conseguiram não tinha velas nem leme e, segundo reza, um anjo levou o barco por todo o Mediterrâneo, passou pelo estreito de Gibraltar e pela costa da Bética e Lusitânia, hoje conhecida como Andaluzia e Portugal, e após 7 (sete) dias de navegação entrou em Arosa na Galiza, (Cardoso, 2005).

Quando chegaram, Atanásio e Teodoro amarraram o barco a uma grande pedra conhecida como padrón, pedra esta que nos dias atuais está no altar-mor (altar principal) da igreja que foi construída para venerar Santiago, tendo sido adotado na localidade onde atracaram o nome de Padrón, após esse facto, (Cardoso, 2005).

Padrón estava sob domínio de Roma e tinha como governante a rainha Lupa. Anatásio e Teodoro dirigiram-se ao centro da Lupária, onde pediram à governante autorização e um local digno para sepultarem o corpo do Apóstolo Tiago. Ela, sob falsas intenções, disse que iria ajudar, porém enviou-os para uma armadilha e estes foram presos pelo governador. Ainda assim, conseguiram fugir e voltaram, mais uma vez, e pediram ajuda a Lupa. Novamente, ela disse que iria ajudar e deu-lhes dois bois bravos para puxar uma carreta, indicando-lhes também por onde deveriam ir, mas o caminho indicado por Lupa passava por uma região habitada por um dragão, (Cardoso, 2005).

Ao depararem-se com o dragão, Atanásio e Teodoro não tiveram reação, a não ser empunhar um crucifixo e esperar a morte. Porém, diante do objeto sagrado, o dragão caiu morto, e os dois prosseguiram viagem, com os dois bois bravios entretanto tornados mansos, (Cardoso, 2005).

Lupa, após saber do ocorrido, ficou maravilhada e converteu-se ao cristianismo e assim decidiu ajudar os discípulos, oferecendo-lhes um local para enterrarem o Apóstolo, local que ficou chamado em latim por Liberum Donum ou Livre-Don, que hoje é a cidade de Santiago. Os dois discípulos construíram ali o túmulo de Santiago e seguiram suas vidas ali, a zelar pelo túmulo e a venerar o Apóstolo, (Cardoso, 2005).

Existia até o ano de 257 um grande número de pessoas que peregrinavam a fim de venerar aos pés do túmulo de Santiago. Porém, o Imperador Vespasiano proibiu nessa data qualquer tipo de veneração e devoção ao túmulo do Apóstolo, e assim impossibilitou o culto jacobeu. Após a proibição, o local do túmulo ficou abandonado e foi tomado pela vegetação, apesar de a memória e a devoção a Santiago continuarem vivas, (Cardoso, 2005).

Outro facto que impediu o culto ao Apóstolo, bem como a outros tidos como santos pela igreja católica, e a realização de atos ligados à igreja católica, foi a proibição e perseguição das práticas católicas e seus praticantes. Segundo Martins (1992):

...o túmulo do Apóstolo começou a ser visitado pelos cristãos que viviam na região, até que, em 257 Valeriano proibiu as peregrinações aos sepulcros dos Santos. Mais tarde, com ferozes perseguições aos cristãos no tempo de Dioclesiano, o túmulo do Apóstolo foi cuidadosamente escondido para evitar os nefastos da intolerância religiosa que então grassava, acabando assim, o túmulo de S. Tiago por ficar esquecido durante séculos. (Martins, 1992, pag.97)

Por toda Europa espalhava-se a fé em Santiago, que à posteriori foi reconhecido como Santo pela Igreja Católica. Em França, ele era conhecido como Saint Jacques, em Inglaterra, na Escócia e na Irlanda, como Saint James, e nas repúblicas Italianas como San Giacomo, Iago e Jacob[9], (Cardoso, 2005).

O local do túmulo de Santiago foi esquecido até ao século VII. Entre os anos de 800 e 820 (século IX), um eremita cujo nome era Pelayo, que morava próximo do Libre-Don, ouvindo uma melodia celestial, foi à procura de quem cantava, porém, não encontrando ninguém, olhou para o céu e ficou fascinado com o céu repleto de estrelas, que formavam uma espécie de caminho vindo do norte do oriente e terminava por cima do local em que o eremita se encontrava, (Cardoso, 2005).

Pelayo entendeu aquilo como um sinal, que indicava a localização do túmulo de Santiago que estava desaparecido por séculos. Dirigiu-se então à cidade vizinha de Iria Flávia e informou do ocorrido o Bispo Teodomiro. Assim, começaram a procurar o túmulo. Após um extensa busca, encontraram as ruínas de uma pequena capela, debaixo das pedras encontraram um túmulo em mármore e mais dois em pedra simples que seriam de Anastásio e Teodoro, enterrados ao lado de Santiago, (Cardoso, 2005).

Martins (1992) descreve este facto de uma outra forma e diz:

Segundo a tradição, foi o bispo Teodomiro, quem no século IX encontrou o sepulcro do Apóstolo, depois de ter sido alertado de que, no monte Líberum Donum à meia noite se ouviam cânticos e se vislumbravam luzes e estrelas. Neste local encontravam-se três túmulos, sendo um de maior dimensões que os outros dois. Aberto o maior, encontraram um corpo com a cabeça cortada, com um bordão e um letreiro que dizia " aqui jaz S. Tiago, filho de Zebedeu e de Salomé, irmão de João, o qual foi morto por Herodes em Jerusalém; veio por mar com os seus Discípulos até Iria Flávia da Galiza e chegou aqui num carro puxado por bois pertencentes a Lupa proprietária deste campo donde eles não quiseram ir mais adiante." (Martins, 1992, pag.97)

O Bispo Teodomiro viajou até à capital das Astúrias para informar o Rei Afonso II do achado. O rei e a comunidade cristã ficaram imensamente amimados, e o monarca partiu imediatamente para o Libre-Don para

---

9 - Tiago, Jacob, ou Jacó são o mesmo nome, em Espanha diz-se Jacobeu, porém em galego escreve-se Xacobeo.

venerar Santiago, tendo ficado conhecido como o primeiro peregrino de Santiago, (Cardoso, 2005).

O Rei Afonso II reuniu a Cúria e assim proclamou que o Libre-Don era o Locus Beati Jacobi (lugar de São Tiago), ordenando a construção de uma catedral no local onde foram encontradas as ruínas, e também a construção de um mosteiro para os monges. Ao redor dessas construções, foi surgindo um povoado que recebeu o nome de Santiago, Santiago do Campo das Estrelas, deste modo surgindo o nome de Santiago de Compostela. Contudo, somente no ano de 1884 a igreja hierárquica reconheceu que a catedral de Santiago abrigava os restos mortais do Apóstolo Tiago Maior, (Cardoso, 2005).

Os Caminhos de Santiago

Os Caminhos de Santiago de Compostela foram proclamados em 1987 como o primeiro itinerário cultural pelo conselho europeu, em 1993 o Caminho de Santiago Espanhol recebe o título da UNESCO como património da humanidade, e em 1998 o Caminho de Santiago Francês recebe o mesmo título, (UNESCO, 2007[10]).

Os caminhos Espanhóis, que são reconhecidos pela UNESCO como património cultural da humanidade estão inseridos na fronteira franco-espanhola, ou seja, têm início na fronteira com França. Existem dois caminhos oficiais na fronteira com França, o caminho que entra por Roncesvalles (Valcarlos Pass) e Canfranc (Somport Pass), que a oeste de Pamplona se fundem. Ao longo desses caminhos estão cerca de 1.800 (mil e oitocentas) edificações, sendo estas tanto religiosas como seculares, cercados de muita história, e 166 (cento e sessenta e seis) cidades, (UNESCO, 2007).

O Caminho de Santiago Francês é considerado o de maior tradição e história, sendo que este é o mais reconhecido internacionalmente. O traçado atual foi fixado no final do século XI, tendo como principais responsáveis Sancho III o Maior y Sancho Ramírez de Navarray Aragóne Alfonso VI, (UNESCO, 1998[11]).

Os Caminhos de Santiago Francês e Espanhol são considerados também como importantes elementos que retratam a evolução arquitetónica da Europa no decorrer de vários séculos. Em especial o Caminho representa o nascimento da arte românica, com a construção posterior das catedrais góticas e de mosteiros, (UNESCO, 1998).

No século XI, os peregrinos percorriam o caminho vindo de Espanha por rotas francesas de Tours, Limoges e Le Puy, e assim se foram

---

10 - UNESCO- Lista de Patrimónios da Humanidade – última atualização 2007
11 - UNESCO. Registro Caminho de Santiago.

tornando uma rota de peregrinação formal. Durante o Século XII, os caminhos tornam-se elementos de altíssima atratividade, sendo percorridos por milhares de peregrinos de toda Europa. Assim, no ano de 1139 é criado o livro V do Codex Calixtine[12], que foi idealizado como uma forma de guia para o caminho, contendo os locais com serviços disponíveis para os peregrinos, locais históricos e religiosos, (UNESCO, 2007).

No decorrer dos séculos, o Caminho de Santiago teve uma redução significativa no número de pessoas que realizam a peregrinação, porém não houve interrupções desde que começaram as peregrinações (Xacobeo Galicia, s/d).

---

12 - O nome Codex Calixtine faz referência ao Papa Calixto II.

Os Caminhos em Portugal

Os caminhos a Santiago de Compostela entre Portugal e Espanha foram importantes elementos de aproximação entre estas nações e seus respetivos cidadãos, sendo um importante elo histórico e cultural, (Moreno, 1992).

Parece ser indubitável que as constantes peregrinações a Santiago devem ter contribuído para uma intensificação nas relações entre o norte de Portugal e a Galiza, para além naturalmente do intercâmbio constante entre as populações vizinhas de ambos os lados. Esse intercâmbio assume um particular significado nesta área territorial, onde os contactos entre os homens decorrem com a maior normalidade ao longo da Idade Média embora por vezes sobressaltados por incidentes ou conflitos prontamente sanados. (Moreno, 1992, pag.75)

É bem claro que os Caminhos de Santiago são vários, sendo que não existe como afirmar qual foi o suposto caminho realizado por Santiago, ou que o caminho não é de Santiago, mas sim de caminhos que levam a Santiago:: "Encontra-se, de

Caminhos de Santiago em Portugal
Fonte: www.acaminhodesantiago.
wordpress.com/o-caminho

igual modo, provado, que não havia somente um caminho português a Santiago mas algumas vias percorridas pelos peregrinos que se dirigiam ao santuário jacobeu." (Moreno, 1992, p.75)

Moreno (1992) explica a existência dos trajetos que são percorridos hoje pelos peregrinos, a forma como eles foram estabelecidos e alguns dos critérios utilizados para tal:

Coube o mérito a Carlos Alberto Ferreira de Almeida de demonstrar de um modo inequívoco quais as principais vias de acesso a Santiago de Compostela existentes no Norte de Portugal. Sendo muito percorridas to-

Caminhos de Santiago Norte de Portugal
Fonte: www.caminhodesantiago.com.br

das as vias que iam dar à Galiza, duas delas contudo, que partiam da cidade do Porto, foram largamente utilizadas. Uma delas dirigia-se a Braga, seguindo daí para Ponte de Lima, Valença e Tui. E outra tomava a direcção de Ponte do Ave, Rates, Barcelos, Ponte de Lima, Valença e Tui"....(Moreno, 1992, pag.75)

O processo de adoração a Santiago teve o seu surgimento no século XI, época em que surgem vários templos religiosos em Portugal dedicados ao Santo, (Marques, 2000).

Tendo documentado que, pouco mais de três décadas após a descoberta do túmulo, considerado de Santiago, já lhe era dedicado a igreja de Castelo de Neiva, sabendo que nos finais do século XI, no entre Lima e Ave, era patrono de mais de duas dezenas de igrejas, com funções paroquiais, mesmo que não tivessem bem delimitados os respectivos contornos geográficos, e sabendo que o impacto da atração jacobeia também se fazia sentir na zona reconquistada, que viria a ser Portugal, não era de admirar que também destas paragens acorressem ao túmulo do Apóstolo numerosos peregrinos. (Marques,2000,pag. 13)

Verificando um grande aumento no número de peregrinos a caminho de Santiago de Compostela questiona qual eram os caminhos realizados pelos peregrinos, destacando que não havia no período qualquer traçado exclusivo ou mesmo fixo, que os caminhos eram diversos e que estes eram locais de trânsito comum entre viajantes, (Marques, 2000):

Poderemos, por isso, perguntar quais eram os caminhos por eles preferidos, que, a partir do século XII, podemos, com propriedade, chamar portugueses.

A pergunta é pertinente, pois até há bem pouco tempo, nos mapas dos caminhos europeus de Santiago, em relação a Portugal, ou não havia qualquer referência ou, então figurava apenas o traçado correspondente a peregrinação da rainha Santa Isabel - de Coimbra a Santiago -, sendo hoje muito diferente o panorama dos conhecimentos neste sector. (Marques, 2000,pag. 13-14)

Quanto aos caminhos denominados de Santiago, é desnecessário afirmar que eram caminhos iguais aos outros, eram os mesmos que as populações locais utilizavam no dia a dia. Com o rodar do tempo, a experiência dos peregrinos e o conselho das populações locais, começaram a determinar a preferência dos peregrinos e outros transeuntes por caminhos mais diretos, cómodos e seguros, que, lentamente, começaram a dispor de algumas estruturas de apoio – albergarias, hospitais, pontes e barcas de passagem – circunstâncias que mais aumentavam a sua preferência. (Marques, 2000, pag.14)

Os caminhos em Portugal que eram mais utilizados pelos peregrinos foram-se fixando ao longo dos tempos, (Marques, 2000).

...podemos afirmar que a maior parte dos peregrinos portugueses e europeus que escolhiam Lisboa, como escala do seu percurso para Santiago, optavam pela via tradicional até ao Porto, que seguia de perto o traçado da antiga estrada romana, que vinha de Mérida e Lisboa, passava por Santarém e Coimbra até ao Douro, em Portucale. Daqui no período medieval, podia seguir-se para Braga, rumando, depois para Ponte de Lima, Valença e Santiago, mas o caminho frequentado era o de Rates, Barcelos, Ponte de Lima, Valença, Santiago, havendo também quem seguisse pelo litoral, ou mesmo de barco para os portos do norte de Portugal e da Galiza. De Rates, alguns seguiam para Braga, donde inflectiam para Valença, atravessando as pontes de Prado e de Ponte de Lima. (Marques, 2000, pag.15-16)

Marques (2000) dá conta de relatos de peregrinação de várias figuras estrangeiras, de grande importância política, económica e religiosa, que passaram por Portugal, entre os séculos XV e XVIII. Estes relatos das viagens de peregrinação, segundo o autor, revelam que não havia um itinerário fixo, uma rota de peregrinação única, sendo que esta variava de acordo com o interesse cultural de cada peregrino.

Desde a Alta Idade Média, os peregrinos a Santiago de Compostela, não só no território português, mas também em outros países, estavam expostos a grande riscos, como por exemplo enfermidades, causadas por doenças ou acidentes, intempéries como chuva, frio e calor, falta de ou inadequados locais para pernoitarem ou se alimentarem, assaltos e assassinatos. Assim, foram estabelecidas proteções jurídicas para os peregrinos (mais precisamente a partir do ano de 782), em que atos cometidos contra os peregrinos implicavam um agravamento na pena. Já a igreja católica, através do Papa Gregório VII, estabeleceu pena de excomunhão para quem prendesse ou espoliasse um peregrino ou clérigo, (Marques, 2000).

A igreja católica tinha grande interesse em manter os peregrinos em segurança, principalmente porque muitos deles realizavam a peregrinação para cumprir promessas, mas também porque levavam ao santuário oferendas, como joias, obras de arte e outras mercadorias, motivo também por que os assaltantes visavam tantos os peregrinos, (Marques, 2000).

Os dados apresentados abaixo servem para demostrar um pouco da atividade de peregrinação dos Caminhos de Santiagos e do Caminho de Santiago em Portugal, bem como o meio utilizado para a peregrinação[13].

Total de peregrinos no Ano Santo 2010: 272.135 peregrinos.

Peregrinos pelo caminho em Portugal em 2010: 34.147 (12,55%)

Tabela1:Total de peregrinos Ano 2011:183.366 peregrinos.

Caminho	Número de Peregrinos	%
Francês	132.652	72,34
Português	22.062	12,03
del Norte	11.729	6,40
Vía de la Plata	8.061	4,40
Primitivo	5.544	3,02
Inglês	2.720	1,48
Outros Caminhos	396	0,22
Muxía-Finisterre	202	0,11
Total	183.366	100

Tabela 2:Meio utilizado N° de Peregrinos

Meio Utilizado	Número de Peregrinos	%
A Pé	153.065	83,48
Bicicleta	29.949	16,33
Cavalo	341	0,19
Cadeira de Rodas	11	0,01
Total	183.366	100

13 - Os dados apresentados foram obtidos através do Escritório do Peregrino, disponível em: http://peregrinossantiago.es/esp/servicios-al-peregrino/informes-esta-
disticos/ Acesso em:09 de maio de 2012

Capítulo 2
Observação Participante

Deste capítulo consta a descrição da viagem de peregrinação à cidade de Santiago de Compostela, em Espanha, tendo como local de início da peregrinação a cidade do Porto, em Portugal.

Para esta parte do trabalho de investigação foi adotada a técnica da observação participante, mais especificamente a técnica de participante observador, para observar e relatar de foram intensiva como é ser um peregrino: as relações existentes entre os peregrinos, dos peregrinos para com pessoas das comunidades ao longo do caminho; as motivações para fazer a peregrinação; os locais frequentados por eles durante a viagem e uma descrição do trajeto; as conversas entre peregrinos, pessoas das comunidades, trabalhadores dos albergues públicos e as sensações que ocorreram durante a peregrinação. Observou-se além disso como é a vivência dos peregrinos, como se posicionam perante as questões políticas que de forma direta ou indireta influenciam na peregrinação.

Durante a peregrinação foram observados vários peregrinos e grupos de peregrinos, em especial um grupo de 11 pessoas que se formou no Albergue de São Pedro de Rates, que foi acompanhado durante onze dias, até a chegada a Santiago de Compostela. O grupo foi observado desde o momento da sua formação, durante todas as atividades desenvolvidas, até ao momento da sua dissolução. Houve também durante o percurso um registo fotográfico do trajeto, dos albergues e dos peregrinos.

No final do capítulo, apresenta-se uma síntese construída através das observações e relatos da viagem de peregrinação descritas na narrativa da viagem, a fim de possibilitar uma reflexão e um entendimento das relações existentes abordadas neste capítulo.

Descrição da Viagem

A viagem teve início na cidade do Porto, em Portugal, na manhã do dia 16 de Setembro de 2011, tendo como ponto de partida a Sé Catedral, local indicado para começar o caminho medieval, onde é possível adquirir a credencial de peregrino, que permite o acesso aos albergues públicos ao longo do caminho e é também o documento que deve ser apresentado como comprovativo da peregrinação, a fim de ser apresentado para receber a *Compostela*[14].

Para requisitar a Compostela é necessário percorrer no mínimo 100km a pé ou a cavalo, ou 200km de bicicleta, e a credencial deve ser carimbada no mínimo duas vezes por dia nos estabelecimentos comerciais, postos de turismo e/ou albergues ao longo do caminho e conter as datas de passagem por cada local.

Em frente à catedral, os peregrinos aguardam a abertura da mesma, que ocorre às 9:00 da manhã, para que possam adquirir por 0,75 euros a credencial e carimbá-la. Os peregrinos que aguardam procuram conversar, trocar informações de onde são, até onde vão no primeiro dia, onde irão comer e dormir. Logo no início já existe uma aproximação entre os peregrinos, não importando a nacionalidade ou o idioma.

O início começa com a busca das setas amarelas que indicam o caminho, por entre os prédios do centro urbano da cidade do Porto, parecendo um labirinto. As setas indicam o caminho de saída deste labirinto de prédios, por becos, rua e vielas, por prédios residenciais, comerciais e históricos, praças e monumentos. Os sons das gaivotas completam o cenário.

As pessoas da cidade, na sua vida quotidiana, deslocam-se através de automóveis ou a pé, e entre eles seguem os peregrinos, com um elemento que lhe és bem característico, que é a mochila às costas ou as suas bicicletas. O som das gaivotas perde-se no meio dos barulhos dos automóveis.

---

14 - Documento emitido pela Igreja católica escrito em latim, como uma espécie de título de peregrino a Santiago.

As montras dos comércios chamam a atenção dos peregrinos que vêm de outras cidades e países e estes param por breves momentos e admiram os produtos, como as carnes, as frutas, os pães e os doces. Os prédios históricos sinalizados também são alvo de interesse, levando-os a parar para tirar fotos e ler as placas informativas.

Há peregrinos que levam guias e planeiam onde vão passar e o que querem conhecer, mas outros não levam qualquer tipo de roteiro e seguem as setas amarelas para guiar o seu caminho, não sabendo o que irão encontrar ao longo dele.

Os caminhantes não despertam a curiosidade entre a população local, passam entre as pessoas sem chamar atenção, e seguem as setas que os levam

Viela do Porto

através das ruas, praças, jardins e calçadas fechadas.

O som do centro urbano é deixado para trás e começa a caminhada pelas freguesias mais residenciais, com um ritmo das pessoas da comunidade um pouco mais lento. Já nestes locais, os peregrinos recebem mais olhares e as pessoas começam a desejar um bom dia e um bom caminho. Mas, à medida que caminham, os peregrinos encontram as ruas mais desertas, sem grande movimento de carros e pessoas, e já se começam a avistar pequenas quintas com animais de criação, plantações e a sentir-se o cheiro da vegetação.

As casas começam a ficar mais espaçadas e o caminho começa a deixar de ser por ruas e passa a fazer-se por estradas. Nas bermas das estradas seguem os peregrinos, ao lado das motas, carros e camiões. Acorrem as primeiras paragens para descanso, proporcionando que alguns peregrinos se encontrem e conversem, enquanto outros se cumprimentam, perguntam se está tudo bem e seguem o caminho.

Após pequenos trechos de estradas, surgem pequenos centros urbanos em que as sombras e os bancos de pequenas praças servem de local de descanso, para ajustar as mochilas e hidratar. Surgem quintas maiores, com maiores plantações, fontes de água para lavagem de roupa e ruas com pouco movimento de pessoas e carros. Os muros e cercas das quintas tornam-se o cenário, peregrinos de bicicleta passam pelos peregrinos que caminham e desejam um bom caminho, e as pessoas das pequenas comunidades desejam um bom dia e um bom caminho.

A fé católica começa a tornar-se mais evidente devido aos azulejos pintados com motivos religiosos e cruzes cristãs nas fachadas das casas.

A caminhada segue por estradas estreitas de alcatrão e por pequenos troços com calçamento de pedra, entre as plantações de milho e vinhas, com o aroma das uvas maduras a tornar-se uma constante e o som dos pássaros a completar o cenário. Alguns elementos históricos, culturais e religiosos para visitação estavam indicados por placas, como mosteiros, capelas e igrejas católicas.

Neste primeiro trecho da viagem é possível observar peregrinos de diversas nacionalidades, portugueses, alemães, espanhóis e franceses.

Após caminhar 25,3 km desde a saída do Porto, chega-se a Vilarinho (freguesia da Macieira da Maia), que é indicada como a primeira paragem, para passar a noite, do Caminho Português (Medieval).

A freguesia tem um pequeno abrigo para peregrinos com quatros camas, local para banho e um pequeno fogão para preparo de refeições. Também existe um pequeno ginásio em que são colocados colchões quando há uma demanda maior. Mas é comum os peregrinos procurarem quartos para alugar na freguesia, pois o espaço que é disponibilizado não tem grandes condições. Outra alternativa é seguir até São Pedro de Rates, onde há outro albergue maior e com melhores condições.

Os funcionários da Junta de Freguesia e os comerciantes locais disponibilizam para os peregrinos, mapas e folhetos que indicam os locais de visitação na freguesia e em freguesias vizinhas.

As pessoas da comunidade são hospitaleiras e mostram-se interessadas em conversar e saber de onde são os peregrinos, dão explicações acerca da localidade, de como chegar aos lugares de visitação e dos locais onde fazer lanches e refeições.

As chaves do abrigo ficam à responsabilidade das funcionárias de uma farmácia próxima do abrigo, pois não há ninguém que trabalhe exclusivamente para receber ou controlar a entrada de peregrinos. As funcionárias são gentis e explicam como funciona o abrigo e a estrutura disponível para os peregrinos. Não há cobrança de qualquer taxa, mas são aceites donativos.

O albergue fica ao lado de uma escola primária e de um ginásio, porém não há casas residenciais nas proximidades, e a noite no abrigo segue com os sons dos insetos da mata que fica atrás do albergue.

A segunda etapa da viagem é de Vilarinho a São Pedro de Rates, logo que se passa pela praça cen-

Abrigo peregrino – Freguesia Macieira da Maia

tral da freguesia, começa o caminho pela estrada de alcatrão, que é bordejada por campos com cercas e muros de pedras. O silêncio reina no meio do nevoeiro e sente-se o cheiro da vegetação humedecida pelo orvalho.

As setas amarelas indicam uma saída da estrada de alcatrão, que segue por uma estrada de pedras e leva a uma ponte de pedra com arcos. Alguns metros abaixo, no rio que passa sob a ponte, encontram-se algumas casas com moinhos movidos a água. Em frente, capelas e fontes de água margeiam o caminho, que também passa a ter nas suas margens árvores que parecem emoldurar a estrada.

Percorridos mais alguns quilómetros, o cenário muda: de uma paisagem bucólica passa-se a um estrada de alcatrão com automóveis a passar em grande velocidade e grandes máquinas agrícolas, que despertam um sentimento de medo e insegurança, devido à alta velocidade e ao espaço entre os veículos e os muros e cercas, demasiado reduzido para seguir o caminho em segurança.

Após um momento tenso na estrada, as setas amarelas indicam um caminho numa rua de pedras, bordejada de casas. É possível contemplar antigas casas de quinta, o odor das videiras volta a impregnar o ar e já é possível ouvir o canto de pássaros.

Máquina agrícola na estrada - Junqueira

As casas vão dando lugar a campos com marcas da recente colheita de milho e lavouras de milho, intercaladas por pequenas áreas de mata; as ruas de pedra dão lugar a estradas de terra, mais videiras aparecem à beira da estrada e sobre as pedras, alguns cachos de uvas deixados como oferta para os peregrinos. As pessoas da comunidade que passam desejam um bom dia e um bom caminho.

O caminho segue margeado por muros de pedras e plantações, um odor estranho fica no ar, e mais alguns quilómetros adiante é possível avistar máquinas agrícolas a aplicar fertilizante no solo, que tem sinais da colheita de milho. A presença de máquinas agrícolas torna-se constante.

O cenário muda mais uma vez: mais árvores margeiam as estradas, as casas e os povoados ficam cada vez mais distantes e só são vistas ao longe. Ao final de um trecho de estrada que faz cruzamento com uma estrada de alcatrão, alguns produtores agrícolas locais montam uma feira e com sorrisos generosos desejam um bom dia e um bom caminho e fazem pose para as fotografias.

O som de mugidos e o cheiro de estrume de gado num curral são os primeiros sinais da chegada a São Pedro de Rates. A passagem pela igreja de São Pedro de Rates confirma a chegada e placas junto às setas amarelas indicam a direção para o albergue. No trajeto até ao albergue é possível ver alguns monumentos e locais históricos. As pessoas da comunidade, com olhares amigáveis e sorrisos no rosto, desejam um bom dia e bom caminho.

Após percorrer 11,8 km, e chegando ao albergue, há uma indicação para os peregrinos se dirigirem a uma pequena mercearia que fica ao lado, onde uma senhora, que é proprietária da mercearia, se identifica como responsável pelo albergue e explica as normas de funcionamento. A senhora solicita a credencial de peregrino para carimbar e também informa que poderá aparecer à noite algum hospitaleiro para receber os peregrinos e verificar se está tudo em conformidade no albergue.

Fachada do Albergue São Pedro de Rates

O albergue é bastante amplo, tem dois pisos e cinquenta leitos, quatro casas de banho, uma cozinha, uma sala de convívio e um pátio interior. Tem também um pequeno museu agrícola, com uma das paredes em vidro para permitir a observação do local pelos visitantes.

Os peregrinos começam a chegar aos poucos ao albergue e procuram conversar uns com outros, perguntam acerca da nacionalidade, onde começaram o caminho, de onde estão vindo e para onde vão, e começam a relatar as suas experiências do(s) dia(s) de peregrinação, as dores físicas e as dificuldades encontradas até ao momento.

Pátio interno do Albergue São Pedro de Rates

Depois de tomarem banho, ao final da tarde, alguns peregrinos por afinidade sentam-se à mesa no pátio interno do albergue, aprofundam as conversas e dizem onde vivem, qual a profissão e ocupação. Assim se dá início à formação de um grupo, cujos elementos combinam fazer o jantar em conjunto e dividir as tarefas e despesas do jantar.

No momento de preparação do jantar, mais algumas pessoas se juntam ao grupo. Os peregrinos do grupo começam a cantar músicas dos seus países, os diálogos intensificam-se e no final do jantar decidem realizar o caminho juntos. Assim se forma um grupo constituído por quatro brasileiros, duas canadianas, uma australiana, uma húngara, uma alemã e um espanhol.

Preparação jantar no Albergue
São Pedro de Rates

A formação do grupo não restringe a convivência e as relações às pessoas do grupo, pois após o jantar, na sala de convívio e no pátio, os peregrinos continuam a socializar com outros peregrinos e grupos.

A noite chega e também chega ao albergue um hospitaleiro voluntário, que começa a verificar se tudo está em ordem, se todos assinaram o livro de registo.

Uma peregrina portuguesa diz ao hospitaleiro que ainda não carimbou a credencial, e pede que o hospitaleiro lhe coloque o carimbo. Quando a peregrina apresenta a credencial, o hospitaleiro pergunta-lhe onde obteve aquela credencial e ela diz que fez o pedido por correio eletrónico à Associação e Es-

Recipiente para fazer a Queimada Galega

paço Jacobeus, que posteriormente procedeu ao envio por correio convencional.

A peregrina é aconselhada a trocar de credencial, pois corre o risco, ao longo do caminho, de a credencial não ser aceite, pois alguns albergues não reconhecem como legítima a credencial criada e distribuída pela referida associação, podendo mesmo acontecer ser-lhe negada a Compostela no final da peregrinação. Assim, a peregrina, temendo não ser aceite em outros albergues e não receber a Compostela, compra outra credencial no albergue.

Na sala de convívio, o hospitaleiro conversa com os peregrinos e dá dicas de como realizar o caminho, ajuda a fazer um plano de viagem, aconselha o máximo de quilómetros que se deve fazer por dia, para não esgotar o corpo, indica os locais de beleza cultural e natural que os peregrinos devem conhecer, as comidas e bebidas típicas que se podem encontrar ao longo do caminho.

Quando o hospitaleiro faz referência a bebidas típicas, começa a contar a história da Queimada Galega, que faz parte de um ritual para os peregrinos, e que tem como objetivo afastar os maus espíritos e as bruxas, sendo que a preparação de forma ritualista e o ato de beber a Queimada Galega ajudam a libertar o espírito dos peregrinos. O hospitaleiro mostra o vasilhame típico onde é preparada a bebida.

Após as conversas, que decorrem até às dez horas da noite, os peregrinos, por regulamento do albergue, devem ir para os quartos e apagar as luzes. Assim, terminadas as múltiplas conversas, com múltiplos sotaques e idiomas, o que começa a tomar conta do albergue são os sonos das respirações profundas e os ressonares, como uma orquestra sinfónica, a parecer que são regidos pelo cansaço.

O terceiro dia inicia-se. Logo aos primeiros raios de sol despertam os peregrinos e, sonolentos, seguem pelos corredores e casas de banhos a prepararem-se para sair para mais um dia de caminhada.

O grupo formado no dia anterior aguarda que todos estejam prontos para saírem e começa a caminhada. Caminham duplas ou trios a conversar, separados por alguns metros, mas mantendo sempre o contacto com o olhar.

O sol começa a erguer-se por detrás de árvores e montes, a revelar a paisagem, e à medida que se intensifica a luz do sol, começam a intensificar-se também os diálogos entre os peregrinos. Mesmo com as dificuldades causadas pelas diferenças linguísticas, todos comunicam entre si e acontece algo de extraordinário que une mais o grupo.

Peregrinos na etapa de Barcelos

No grupo há cinco idiomas: inglês, espanhol, português, alemão e italiano. Assim, nas conversas, quando um fala, há sempre alguém a traduzir para aqueles que não entendem o idioma, ou não compreendem todas as palavras, num processo que surge de forma espontânea e em que se percebe que a comunicação é feita de forma confortável entre os membros do grupo. Depois este processo de tradução estendem-se as conversas entre membros do grupo com outros peregrinos, e deste modo, indiferentes às barreiras linguísticas, os peregrinos garantem a comunicação com outros peregrinos e com as pessoas das comunidade ao logo do caminho.

As plantações de milho, as vinhas e as árvores predominam na paisagem, o cheiro a terra das estreitas estradas de terra mistura-se com o cheiro dos eucaliptos, as duplas e trios de conversas mudam ao longo do caminho, e todos se relacionam.

Os peregrinos do grupo, quando encontram as pessoas das comunidades locais, procuram aproximar-se e conversar, seja acerca da lavoura, do clima, dos peregrinos no caminho, dos monumentos, da cultura local e regional, entre outros assuntos. As pessoas das comunidades também se mostram bastante curiosas e procuram saber de onde vêm os peregrinos, como é o seu país e o local onde vivem, e o que as pessoas fazem na vida.

As dores físicas começam a manifestar-se de forma mais evidente, devido ao esforço físico, pois para a maioria dos peregrinos é o segundo dia de caminhada, estimulando o espírito de entreajuda, seja disponibilizando medicamentos ou oferecendo palavras de incentivo.

As pequenas localidades ao longo do caminho servem para breves paragens para fazer lanches, carimbar as credenciais e para curtos descansos, mas também são oportunidades para conhecer alguns locais, como igrejas, capelas, ruínas românicas, conventos e miradouros. Os campos com animais, como ovelhas e cabras, e os sons emitidos por eles completam o cenário bucólico.

Túmulo Romano – Barcelos

Os peregrinos querem sempre registar os cenários, as pessoas, seja na mente, com momentos de paragem e contemplação, seja com o registo fotográfico.

Nos trilhos do caminho há momentos em que se encontram cercados por araucárias e outras árvores que fazem sombra no caminho e aliviam do calor, e cujas folhas cobrem o caminho como tapetes. Os peregrinos colhem alguns frutos silvestres, como amoras.

Ponte entre Barcelinhos e Barcelos

Ao longe, no alto de um morro, avista-se uma povoação e após uma longa subida até lá, por uma estrada, termina a jornada de 25 km, desde a saída do albergue em São Pedro de Rates, e chega-se ao albergue público de Tamel.

Ao chegar ao albergue os peregrinos retiram as suas mochilas das costas e, quando o fazem, referem que têm uma sensação estranha, pois parece-lhes que falta algo, como se a mochila já fizesse parte do corpo.

Na recepção do albergue, alguns peregrinos surpreendem-se com os recepcionistas, pois são cinco jovens entre dezasseis e dezassete anos,

Albergue Casa Recoleta (Tamel)

da comunidade local e da região, muito gentis e com um grande sorriso estampado nos rostos. A trabalhar em equipa, alguns fazem o cadastro dos peregrinos, outros apresentam o albergue. O albergue de Tamel (Casa da Recoleta) tem trinta e uma camas, três casas de banho, uma sala, uma cozinha e uma área de serviço.

Os hospitaleiros mostram os quartos, as casas de banho, as áreas de serviços para lavar as roupas, um computador para uso comunitário e a cozinha, onde explicam que há sopas feitas por pessoas da comunidade para oferecer aos peregrinos, assim como alguns mantimentos, legumes e frutas.

Hospitaleiros Albergue Casa Recoleta (Tamel)

Os peregrinos ficam admirados com o carinho das pessoas da comunidade e dos jovens hospitaleiros que, muito curiosos, conversam com os peregrinos para saber as suas origens e os peregrinos correspondem, fazendo também muitas perguntas.

As bolhas nos pés e as dores musculares já são presentes em todos os elementos do grupo, bem como nos outros peregrinos. Muito cansados e famintos, pois não almoçaram, o grupo resolve não cozinhar e em consenso decidem comer num bar próximo do albergue, indicado pelos jovens hospitaleiros, e o grupo é acompanhado por outros peregrinos.

O clima de amizade aprofunda-se progressivamente e as conversas no albergue só são silenciadas com o apagar das luzes, momento em que os diferentes idiomas e sotaques mais uma vez são substituídos pelo ressonar dos corpos cansados.

A manhã do quarto dia chega, o toque do sino da igreja ao lado do albergue informa os peregrinos que é hora de partir. Após um pequeno-almoço rápido, todos no grupo estão prontos para deixar o albergue.

O som dos pardais abre o novo dia e a nova etapa de caminhada. O início do caminho é cercado por árvores e o cheiro da vegetação molhada pelo orvalho estimula e dá mais ânimo aos peregrinos.

Ao passarem próximo de um caminho-de-ferro, um comboio passa a alta velocidade e alguns peregrinos fazem comentários acerca das tecnologias, do ritmo frenético do mundo e do passo a passo para realizar a peregrinação, observando que peregrinar faz parte de um processo de desacelerar a vida, através dos pequenos passos a contemplá-la. A visão de vales e o cheiro intenso das uvas maduras nas videiras permitem fazer uma viagem, torna o corpo mais leve e reina a paz. É um processo de desligamento do mundo urbano e de contemplação do dia, como sendo mais um dia único.

As ruínas de casas de pedra as margens do caminho aguçam a curiosidade acerca de quem viveu ali e de como era a vida naquele tempo, suscitando a reflexão sobre o facto de que aquelas paredes já abrigaram pessoas, sonhos, tristezas e felicidades e hoje subsistem, decrépitos registos que se apagam com o passar do tempo.

Os peregrinos do grupo, de uma forma espontânea, começam a contar o porquê de estarem a fazer o caminho. Os

Ruínas – Aguiar

primeiros a fazerem o seu relato são dois peregrinos brasileiros que são irmãos, que dizem estar a fazer o caminho por causa do pai, pois acreditam que durante toda vida o pai buscou ter e acumular bens materiais, e que estava na hora de o pai parar e começar a contemplar a vida e a felicidade das coisas simples. Fazer o caminho de Santiago foi a forma encontrada para transformar essa postura do pai perante o mundo, embora seja também a oportunidade de conhecer novas culturas e lugares.

O outro peregrino brasileiro explica que foi motivado pelos filhos a fazer o caminho, e que a vontade e a oportunidade de conhecer outras culturas também o motivaram.

O peregrino espanhol do grupo disse que sempre que sente a pressão do mundo, ao ponto de se sentir sufocar, e a insegurança começa a tomar conta de sua vida, ele telefona a um amigo, a quem pede para lhe fazer um cajado e, quando está pronto, ele sai em peregrinação para pensar, sendo esta a sua sexta peregrinação. Acrescenta que todas as vezes que fez a peregrinação encontrou a paz e o equilíbrio que procurava e que os cajados das viagens são o símbolo destes momentos em que a insegurança chegou à porta, mas foi superada.

A peregrina alemã diz que está a fazer o caminho como uma forma de agradecer a Deus pela sua vida, por sua família, em especial por seu neto, e que a peregrinação é uma forma de demonstrar a sua fé e a sua gratidão, além de lhe permitir compreender-se mais a si própria e ao mundo.

A peregrina australiana refere que está a fazer o caminho para conhecer novas pessoas, lugares e culturas diferentes, e também pelo prazer de caminhar.

A peregrina húngara explica que está a fazer o caminho para conhecer outras culturas, outros lugares e experimentar novos sabores, e por ser uma oportunidade de estar próxima da natureza, vê-la e senti-la, mas que busca no caminho a paz interior.

As peregrinas canadianas dizem estar a fazerem o caminho por questões de fé, do prazer de caminhar no meio da natureza, para sair da rotina da vida e conhecer novas culturas e lugares.

As conversas sobre a vida e o mundo são cada vez mais frequentes, há uma grande troca cultural entre os peregrinos, contam com é o local onde vivem, no que trabalham, descrevem os hábitos e os costumes dos seus países, regiões e comunidades.

Nas localidades urbanas em que passam, alguns peregrinos procuram semelhanças e diferenças entre elas, procuram conversar com as pessoas locais e registar em fotografia as paisagens e monumentos, além de experimentar sabores diferentes, de frutos, pães, doces, queijos, presuntos e bebidas. Os alimentos e a culinária locais atraem bastante os peregrinos, desejosos de novas experiências gastronómicas.

Ao longo do caminho os peregrinos deparam-se com famílias a colher as uvas para a produção do vinho. Muito receptivas, as pessoas envolvidas na colheita permitem que os peregrinos tirem fotos, conversem e oferecem aos peregrinos cachos de uvas e explicam da produção do vinho.

Colheita de Uvas

A paisagem é rural, com campos de milho, oliveiras, videiras e pastos com ovelhas a predominar. Os perfumes das uvas misturam-se com o cheiro dos fertilizantes que são aplicados no solo e os balidos das ovelhas a pastar estão em harmonia com o canto dos pássaros constituindo um cenário de paz que se espelha nos semblantes serenos e tranquilos das pessoas que se encontram a fazer as suas tarefas.

Uma senhora à beira do caminho saúda os peregrinos e oferece uvas, e diz-lhes que fiquem à vontade para apanhar os cachos na sua propriedade. Os peregrinos do grupo aceitam a oferta e começam uma conversa em que ela explica que é tradição receber os peregrinos em sua casa, que ela e a sua filha o fazem com muito gosto, hospedando os peregrinos de forma gratuita e dando-lhes sopa, pão e vinho.

O vinho é feito com as uvas da propriedade, e muitos peregrinos que já ficaram em sua casa voltam na época da colheita das uvas para ajudar. Segundo ela, são feitos por ano, uma média de mil litros de vinho, que são distribuídos pelos peregrinos. Nos caminhos de pedras, coberto por videiras que perfumam o ar e fazem sobra, tratores passam carregados de uvas para a produção de vinho

O som das águas do Rio Lima anuncia a chegada a Ponte de Lima, ao longe avistam-se as pontes e uma calçada cercada por fileiras de plátanos indica o fim de mais uma etapa, depois de percorrer 25 km. Os peregrinos exploram a localidade em busca de locais para fazerem refeições, para conhecer os monumentos, praças igrejas e conversar com pessoas da comunidade e com outros peregrinos.

Ao andar pelas ruas, é possível perceber a razão para ter encontrado tantos tratores carregados com uvas no caminho, pois os peregrinos deparam-se com uma fila de 3 km de tratores carregados com uvas à espera para as processar numa cooperativa.

Na chegada ao albergue público de Ponte de Lima, uma hospitaleira

recebe os peregrinos e indica os quartos no prédio com três pisos, duas casas de banho, uma cozinha, duas salas e um pátio interno. Afixada numa porta próximo da porta da secretaria do albergue, há uma carta informativa dirigida ao peregrino, em que se informa da obrigatoriedade de ter uma credencial de peregrino, e de que a credencial reconhecida como válida no albergue é a credencial emitida em Santiago de Compostela.

Fila de tratores carregados de uvas

Os peregrinos acomodam-se no albergue e começam a contabilizar as bolhas nos pés e os locais do corpo onde dói. A hospitaleira, comovida com as dores dos peregrinos, oferece medicamentos para aliviar as dores e utiliza uma técnica de "cozer as bolhas", que consiste em, com uma agulha de metal e uma linha de algodão, furar a bolha e passar o fio entre as duas extremidades, deixando-o como uma espécie de dreno.

A cidade capta a atenção dos peregrinos de forma intensa, pelos locais que existem para visitar. Assim, muitos saem para percorrer as ruas dentro do horário estabelecido como limite para retornarem ao albergue. Os que optam por ficar no albergue conversam até ao momento de apagar as luzes e mais uma vez o som do ressonar embala a noite.

Fachada do Albergue Ponte de Lima

O quinto dia inicia-se, e durante um breve pequeno-almoço os peregrinos mostram-se apreensivos com a etapa que é considerada a mais difícil do percurso. O grupo inicia o caminho com mais alguns peregrinos, que passam algum tempo com o grupo durante a caminhada.

Há uma alteração que demonstra a união do grupo, o "eu tenho uma garrafa de água, uma barra de cereais…" é substituído por "nós temos…", passando alguns recursos a ser vistos como pertencentes ao grupo e não a cada um individualmente, tornando-se os laços entre os membros do grupo cada vez mais intensos.

Quarto do Albergue Ponte de Lima

Diferentes elementos da natureza chamam a atenção dos peregrinos, com cursos de água, flores, frutos e alguns animais silvestres, ocasionando pequenos momentos de contemplação que servem também como pausas para descanso nas longas subidas da etapa.

Regista-se um momento que surpreende o grupo: numa das paragens para descanso, numa pequena comunidade em frente a um cruzeiro, uma das peregrinas do grupo desaparece, e quando o grupo procura por ela encontra-a numa capela, sentada a rezar diante do altar, e ela nem percebe a presença das pessoas do grupo, que se retiram para respeitar o momento.

Após alguns minutos, a peregrina sai e percorridas algumas centenas de metros no retorno à caminhada, a peregrina partilha que ini-

Peregrino a contemplar rio

ciou o caminho com uma intenção e que o caminho lhe estava proporcionando algo mais, além do que ela esperava, pois estava a proporcionar-lhe uma reflexão sobre a vida.

A subida continua e num ponto há uma cruz conhecida com a "Cruz Francesa", onde há uma placa em homenagem a uma peregrina que

morreu num acidente de avião e que adorava peregrinar. Os peregrinos, comovidos pelo facto, param e ficam alguns momentos em silêncio a olhar para a placa. As pessoas do grupo, após este momento, começam também a falar da morte e de como aproveitar a vida.

Peregrina em oração- Labruja

O trecho do caminho é muito duro, mas as sombras das árvores tornam a etapa mais confortável. Todos seguem atentos uns aos outros para ajudar a transpor os obstáculos, dão as mãos para amparar nas subidas, outros empurram pelas costas para dar impulso.

Ao chegar no cume, inicia-se um trajeto de descidas também com grandes dificuldades e muitos sentem dores nos joelhos e reduzem o ritmo da caminhada. Mais alguns quilómetros adiante, começam a aparecer plantações e vinhas, o que é evidência de que mais uma

etapa se encerra e, percorridos 19 km, dá-se a chegada a São Pedro de Rubiães. O Albergue tem dois pisos, trinta e quatro camas, uma cozinha, uma sala e duas casas de banho, e um quarto adaptado para portadores de necessidades especiais.

Peregrinos a subir a Serra da Labruja

Os peregrinos estão com muitas dores, com bolhas nos pés e cansados. Um hospitaleiro recebe-os e alguns, depois de se instalarem, saem em busca de um local para comer. Ao retornarem, ficam na sala, alguns a conversarem, outros a tratarem das suas mazelas ou a receberem tratamento de outros. A noite é regada com muitas garrafas de vinho e mais uma vez são silenciados pelo apagar das luzes e os ressonares regem a noite mais uma vez.

Albergue de Rubiães

Na manhã do sexto dia, grande parte dos peregrinos já se conhece e as comunicações são intensas. Ao mesmo ritmo da noite anterior, embalados pelas conversas, arrumam as suas mochilas e saem para a nova etapa.

A paisagem, é marcada pela presença constante de cursos de água e vinhas. Os peregrinos seguem, a conversar cada vez mais, os risos e sorrisos são constantes, o clima de alegria contagia a todos. Os monumentos, praças, igrejas e capelas são sempre motivos para parar e contemplar.

As pequenas trilhas e estradas de terra cercadas por árvores, pasto e plantações oferecem aos peregrinos um caminhar mais tranquilo por entre os sons dos animais silvestres.

No percurso, os peregrinos atravessam um vale queimado, com pouco sinais de vegetação viva, que definem como purgatório, fazendo uma alusão à caminhada como um processo de purificação da alma, como nos preceitos da Igreja Católica.

O grande número de templos religiosos e cruzes católicas demonstram como a fé católica está presente ao longo do caminho. Em muitas capelas é possível ver altares bem cuidados e com flores frescas recentes e velas acesas.

Após uma caminhada de 19 km, encerra-se mais uma etapa, com a chegada a Valença do Minho. Os peregrinos aguardam junto à porta a abertura do albergue, onde uma hospitaleira, junto com sua pequena filha, vem saudar os peregrinos e abrir a pousada. A criança pergunta à mãe se são todos peregrinos, o que a mãe confirma, explicando-lhe que todas as pessoas que a filha vê com mochila nas costas são peregrinos.

A gentil hospitaleira mostra todo o albergue, com cinquenta camas, três salas, três casas de banho, uma cozinha, um posto médico e um quarto adaptado para portadores de necessidades especiais, e dá informações sobre a cidade. Os peregrinos acomodam-se nos quartos, tomam banho e saem para conhecer a cidade. As pessoas nas ruas conversam com os peregrinos, perguntam de onde são e onde começaram o caminho, indicam locais para visitar e alguns sentam-se com os peregrinos no café para conversar.

Um dos membros do grupo de peregrinos, o espanhol, decide atravessar a fronteira e entrar em Espanha, na cidade de Tui, para poder comunicar com familiares seus por telefone, e faz questão de falar com todos do grupo, para lhes comunicar que irá aguardar por eles em Tui para seguirem o caminho juntos.

Os peregrinos passeiam pela cidade até ao horário máximo estabelecido para o retorno ao albergue. As conversas no albergue são divididas entre homens e mulheres, pois os quartos são separados, e com o apagar das luzes, mais uma vez as conversas cessam e dão lugar aos ressonares.

Fachada Albergue São Teotónio (Valença)

O novo dia inicia-se, sendo o sétimo dia de viagem, e mais uma vez os peregrinos arrumam as mochilas, para começar a caminhada. O nevoeiro provoca a sensação de que ainda é de noite, e os peregrinos começam a caminhar e a desaparecer no meio do nevoeiro.

Monumento a Santiago Tui

Com a chegada a Tui, o grupo encontra o espanhol do grupo que havia atravessado a fronteira e junto com eles está uma canadiana que deseja caminhar com o grupo e assim faz. Após uma pequena pausa para o pequeno-almoço, todas seguem o caminho.

A mudança no idioma é observada pelos peregrinos que se divertem a dizer o nome das ruas, placas e alimentos em espanhol.

Algumas horas e quilómetros de conversa mais tarde, a nova integrante do grupo, comovida, revela a razão para fazer o caminho, dizendo ser pelo amor e pela fé cristã católica e, a chorar, acrescenta que o caminho é a oportunidade de agradecer a Deus pela saúde, pela família e uma forma de adorar a Santiago. Partilha também que outro facto ficará a marcar o seu caminho, pois o seu pai, que não acredita em Deus, quando soube que ela iria fazer o caminho, disse-lhe que fosse com Deus e isso tocou-a muito e tornou o caminho ainda mais especial para ela.

Os peregrinos prosseguem, o nevoeiro começa a dissipar-se e logo surge um trecho de 4km por uma área industrial, havendo peregrinos que não fazem o trecho da área industrial a pé e preferem ir de transporte público, ou seja, de comboio ou autocarro, mas o grupo decide fazer a caminhada.

Mais uma vez as localidades despertam o interesse dos peregrinos, que passam algum tempo a conhecer os monumentos e os templos religiosos e buscando novas experiências gastronómicas.

No caminho, as pessoas das quintas e casas vêm oferecer aos peregrinos água e frutas, sempre desejando um bom dia e um bom caminho.

Após a caminhada de 31km, o grupo chega a Redondela. No albergue, o hospitaleiro apresenta o local aos peregrinos e informa dos regulamentos e regras e estes acomodam-se nos quartos. O albergue tem sessenta e quarto camas, duas casas de banho e lavandaria, uma sala com biblioteca, uma cozinha e duas salas para exposições.

Fachada Albergue em Redondela

Na sala do albergue, algumas pessoas da comunidade estão a ler, sentadas à mesa. Assim, alguns peregrinos sentam-se também e entabulam conversa com as pessoas da comunidade, que persistem por algumas horas. O albergue de Redondela é o primeiro desde o início da viagem onde, além dos hospitaleiros, há pessoas da comunidade local, no albergue a utilizarem o espaço.

Os peregrinos estão cada vez mais próximos entre si e um grande grupo reúne-se para uma espécie de almoço/jantar. As conversas e as trocas de experiências e conhecimentos acerca das suas culturas e do caminho são os temas principais.

No horário estabelecido como limite para entrar no albergue, os peregrinos retornam e os ressonares seguem pela noite dentro.

No oitavo dia de viagem, com a diferença do fuso de uma hora entre Portugal e Espanha, os peregrinos despertam quando ainda é de noite e seguem na escuridão pelas ruas e becos de Redondela a deixar a localidade, que está em silêncio, só quebrado pelos sons dos passos e dos cajados dos peregrinos a bater nas pedras.

Marco do Caminho de Santiago e Via Romana

No caminho, os peregrinos param em vários locais para ler as mensagens deixadas por outros que os precederam e deixar também as suas mensagens. Alguns peregrinos deixam escritas na terra mensagens para o grupo que segue atrás, com os seus nomes, e a informação de que aguardam por eles no final da etapa.

No caminho na parte espanhola, é mais comum encontrar vieiras e imagens de Santiago, não só nas portas e paredes das casas, mas também em pequenos oratórios com a imagem do Santo, facto que é justificado por Santiago ser o padroeiro de Espanha.

Mesmo nas áreas mais urbanas, é possível encontrar frutas deixadas sobre pedras por pessoas da comunidade para os peregrinos, ou mesmo pessoas a oferecerem frutas.

Após a caminhada pelo trecho de 18km, os peregrinos chegam a Pontevedra. No albergue há muitos hospitaleiros, alguns recebem e fazem o registo dos peregrinos e outros apresentam o local. Os peregrinos reúnem-se para comer e beber e, fruto da convivência dos dias, surgem novos casais de peregrinos. O albergue tem um quarto, duas salas de convívio conjugadas, duas casas de banho, uma lavandaria e um salão para eventos.

Os peregrinos notam que quando saem do albergue para comer, a localidade está movimentada, com carros e pessoas a passarem nas ruas, mas quando voltam para o albergue, as ruas estão desertas e os estabelecimentos comerciais fechados, pois estão a fazer a Siesta, um costume espanhol de dormir após o almoço.

Na manhã seguinte, no nono dia, o mesmo ritual se repete de arrumar as mochilas e seguir a caminhada. Mais uma vez, devido ao fuso horário, os peregrinos saem para as ruas ainda escuras. Após alguns poucos quilómetros de caminhada, começa a chover, os peregrinos aumentam o ritmo dos passos e pouco conversam ou observam a paisagem e as localidades, seguindo o caminho e aparentando querer chegar rapidamente ao próximo albergue.

Chegada ao albergue de Pontevedra

Neste trecho do caminho é possível encontrar os primeiros peregrinos, em todo o trajeto, que estão a fazer o caminho contrário, pois seguem em direção ao Santuário de Fátima. Ao longo do caminho de Santiago Português, existem setas de cor azul a indicar o caminho de peregrinação a Fátima, que não são muitas, se comparadas com o número de setas amarelas, mas as setas amarelas, a apontar o caminho contrário, ajudam também a indicar a direção de Fátima.

Após 24 km, debaixo de uma chuva quase constante, os peregrinos, exaustos, chegam a Caldas de Reis e dirigem-se para o albergue, onde são recebidos por uma hospitaleira que trabalha ao lado do albergue. Ela realiza o registo dos peregrinos e apresenta o espaço.

As camas e todos os espaços disponíveis transformam-se em estendais para secarem as roupas molhadas pela chuva que acompanhou os peregrinos durante o dia de caminhada. O albergue tem duas casas de banho, um quarto conjugado com uma pequena lavandaria e cozinha e uma sala.

Devido à chuva que não cessa, os peregrinos permanecem no albergue a conversar até à hora de se apagarem as luzes. Assim, o som do ressonar habitual nas noites anteriores é abafado pelo som da forte chuva que cai durante toda a noite.

Setas Amarelas para Santiago e Azuis para Fátima

Na manhã do décimo dia, os peregrinos saem mais uma vez no meio da escuridão e da névoa, que compõem o cenário mais uma vez.

O trecho do caminho é marcado por quilómetros de locais desabitados, por caminhos no meio da mata, já que as localidades urbanas ao longo desta etapa são poucas, mas sempre com templos religiosos e imagens de Santiago.

No percurso, os peregrinos reparam numa escola, em cujas janelas é possível ler mensagens em vários línguas a desejar "Bom caminho!", mensagens que, segundo as pessoas da comunidade, foram escritas pelos alunos da escola para os peregrinos.

Vieira a apontar o caminho a Santiago

Durante a caminhada, há momentos em que a nova integrante do grupo, a canadiana, se afasta um pouco e caminha à frente dos demais, seguindo só. Mais tarde, em

conversa com as pessoas do grupo, ela explica que caminha algum tempo sozinha para rezar, e mostra, na sua mão, um rosário.

Escola em Montes - Etapa Caldas de Reis/ Teo

Num trecho do caminho, o grupo encontra um carro da força de segurança espanhola, a pedir documentos de identificação e as credenciais de peregrinos, procedimento que, segundo os agentes, é uma forma de garantir a segurança dos peregrinos no caminho.

O cheiro da vegetação e os sons dos animais são elementos que embalam o caminho e muitos seguem calados, a apreciar os sons, as formas e as cores, em busca dos detalhes da natureza. As fontes de água que se encontram pelo caminho são utilizadas tanto para matar a sede, como para aliviar as dores dos pés e das pernas, sendo estes lo-

Peregrina com o rosário

cais de paragem quase obrigatórios para recuperar um pouco as energias.

Os peregrinos aproveitam, nas feiras locais, também para aprenderem um pouco mais da cultura local e regional e procuram produtos exóticos. Os peregrinos do grupo decidem fazer o jantar da última noite de peregrinação com produtos regionais e fazem compras nas feiras.

A alguns poucos quilómetros da chegada ao albergue de destino, os peregrinos passam por pequenas localidades onde as vielas parecem pequenos labirintos, cujas paredes são as casas de pedra.

Após percorrer 28km, o grupo chega ao albergue de Teo, local onde não há hospitaleiro no momento, embora o albergue esteja com as portas abertas e tenha um aviso a informar que os peregrinos podem acomodar-se.

Volvidas algumas horas, chega o hospitaleiro para fazer o registo dos peregrinos. O albergue tem dois pisos, vinte e oito camas, três casas de banho,

Albergue Teo

uma sala, uma cozinha, uma lavandaria e um quarto adaptado para portadores de necessidades especiais.

A noite chega e os peregrinos do grupo reúnem-se para fazer o último jantar do caminho. Todos conversam muito, brincam uns com os outros e mais peregrinos se juntam para fazer a confraternização.

Após o término da preparação do jantar, quando estão todos reunidos para iniciar a refeição, apercebem-se que falta uma integrante do grupo e algumas pessoas saem à sua procura, encontrando-a atrás do albergue a chorar, e a dizer que não quer que o caminho termine, pois encontrou uma paz que desconhecia e pessoas com quem criou laços que antes não imaginava serem possíveis em tão curto tempo. Assim, depois de um longo abraço entre algumas pessoas do grupo, voltam para a sala para jantarem.

Hospitaleiro Albergue Teo

Após muitas conversas e generosos copos de vinho, os peregrinos seguem para os quartos e as luzes apagam-se, mas não se calam, mesmo nas suas camas e com as luzes apagadas, permanecem a conversar e a rir, facto que não havia ocorrido antes e que poderá ser explicado pela ingestão do vinho ou pela ansiedade do último dia. Aos poucos, as vozes calam-se e os ressonares seguem noite adentro.

Na manhã ainda escura do décimo primeiro dia, os peregrinos levantam-se e arrumam as mochilas, pois o grupo quer chegar a Santiago a tempo para assistir a missa dos peregrinos, ao meio-dia, saindo com as lanternas nas mãos a iluminar o caminho.

Os primeiros raios de sol começam a aparecer e descobrem o cenário de campos e árvores. Os peregrinos aumentam o ritmo de caminhada, mas mesmo ofegantes conversam e fazem pequenas paragens para fotos.

Quando avistam a primeira placa a informar Concelho de Santiago, os elementos do grupo estampam nos rostos um sorriso permanente e com olhos ainda mais atentos aos detalhes, apontam e tiram fotos das placas a indicar que se encontram em Santiago de Compostela.

Marco etapa Teo/ Santiago
de Compostela

Os peregrinos seguem pelas ruas sem chamar a atenção, as pessoas da cidade demonstram estarem acostumadas à sua presença. Alguns transeuntes param para que os peregrinos tirem fotos, sejam os que estão a caminhar ou nos carros. Outros, principalmente os mais jovens, oferecem-se para tirar fotos aos peregrinos, para que todos os do grupo fiquem na fotografia.

Os olhares dos peregrinos seguem, atentos, as setas amarelas e procuram os primeiros sinais da Catedral de Santiago. Quando a avistam, aceleram o passo e as fotos quase que são tiradas a cada passo.

Assim, após a etapa de 13km, os peregrinos sobem as escadas e entram na catedral em silêncio e percorrem o seu interior, param diante dos altares e tiram fotos, e após alguns minutos acomodam-se para esperar o início da missa do peregrino. Inicia-se a cerimónia e mesmo os não católicos ficam atentos ao ritual. A catedral fica repleta de turistas e peregrinos, muitos caminham e tiram fotos da cerimónia e do interior da catedral.

No final da cerimónia ocorre o momento mais esperado, em que um grande "bota fumeiro" é aceso e erguido por sete homens por uma corda, com acompanhamento de música do órgão da catedral. Inicia-se o ritual. Com puxões sincronizados, os homens erguem "o bota fumeiro", e com um pequeno empurrão de um dos sete homens, o "bota fumeiro" inicia

Chegada a Catedral de Santiago

um movimento pendular, que começa a ganhar força e a percorrer toda a extensão lateral da catedral. As pessoas olham admiradas e quando ele passa na sua frente respiram fundo, como se se tratasse de um momento de grande adrenalina. Quando o "Bota Fumeiro" começa a reduzir a velocidade, as pessoas começam a bater palmas, o que marca o fim do ritual.

Missa do peregrino

Após a celebração, os peregrinos seguem até ao altar principal para poderem abraçar e beijar a imagem de Santiago e em seguida passam por uma entrada, abaixo do altar principal, que dá acesso ao túmulo do Apostolo. Muitos ajoelham-se e fazem as suas orações.

Peregrino a abraçar a iamgem de Santiago

Terminados os rituais, os peregrinos seguem para a oficina do peregrino para requisitar as Compostelas. Na fila de espera, podem ouvir-se diversos idiomas e ver-se pessoas com traços faciais e estaturas bastante diferenciadas, alguns ainda transpirados, com as mochilas às costas, e outros já de roupas trocadas e com as credenciais na mão.

Túmulo de Santiago na Catedral de Santiago

Os peregrinos entram na sala para ser feita a credencial e muitos saem com um sorriso e a comentar a forma como foi escrito o seu nome em latim, pois há a tradição de, na Compostela, o nome do peregrino ser escrito em latim.

Quando todos no grupos, bem como os outros companheiros do caminho, estão já na posse das suas Compostelas, seguem para a frente da catedral para ali registar a chegada com fotografias, momento em que há muitos abraços e em alguns já se observa os olhos marejados de lágrimas.

Em frente à catedral, muitos peregrinos erguem as mochilas ou bicletas, como uma tradição no final da jornada de peregrinação. Os peregrinos na praça saúdam outros peregrinos que chegam, dão abraços e sorriem, vivendo-se um clima de comemoração constante, ouvindo-se gritos de alegria enquanto as pessoas tiram as mochilas ou descem das bicicletas.

Depois das fotografias, o grupo segue andando pela cidade para visitar locais, experimentar a gastronomia local e regional e, ao cair da tarde, dirigem-se ao Albergue Seminário Menor, local que já foi um Seminário e que hoje é utilizado para abrigar centenas

Pedido da Compostela

de peregrinos. Mas a noite e o clima de festa motivam o grupo a sair para comemorar a chegada a Santiago.

À noite, perto da praça da Catedral de Santiago, os peregrinos participam do ritual da Queimada Galega, em que músicos tocam Músicas Celtas, e o ritmo e a intensidade dos sons ditam os passos da música, juntamente com as chamas nas bebidas alcoólicas: quanto mais intenso é o fogo, mais rápida e alta é a música; quando a chama diminui, todos se agacham; quando a bebida é misturada, mais uma vez a chama cresce e todos se levantam ao ritmo mais intenso da música.

Foto do grupo em frente à Catedral de Santiago

A bebida é preparada por três pessoas, uma vestida com roupa típica celta e usando um chapéu, e outras duas vestidas com capas negras e usando um capuz, um deles com uma máscara de caveira; todos vestidos como uma espécie de paramentos próprios para o ritual.

Após o ritual de preparação da bebida, a mesma é servida àqueles que a desejam, com a promessa de espantar os maus espíritos e trazer sorte. A bebida, em que predomina um aroma adocicado a álcool, é servida em recipientes de cerâmica.

Concluídos todos os momentos do ritual, os peregrinos seguem o som de outra música e encontram também na praça em frente à Catedral de Santiago, uma Tuna da Universidade de Santiago, em que indivíduos trajados tocam e cantam músicas da cidade e da Universidade de Santiago. Os membros da Tuna convidam as pessoas que estão a assistir para dançarem.

Depois dos passeios pela noite na cidade de Santiago, os peregrinos retornam ao Albergue Seminário Menor no horário limite para a entrada de peregrinos. Os diversos andares do local estão repletos de hóspedes, os diversos corredores e escadas parecem labirintos, são muitos os sons dos diferentes idiomas que se escutam. Aos poucos, os barulhos dos peregrinos a prepararem-se para dormir dão lugar mais uma vez aos ressonares que prosseguem noite dentro.

Na manhã do décimo segundo dia, volvidos aproximadamente 240km desde a cidade do Porto, em Portugal, começam as despedidas do grupo: muitos choram, os outros tentam conter as lágrimas, há fortes e longos abraços e palavras de carinho, e um abraço coletivo fecha a história dos dias de convivência do caminho.

CAPITULUM hujus Almae Apostolicae et Metropolitanae Ecclesiae Compostellanae sigilli Altaris Beati Jacobi Apostoli custos, ut omnibus Fidelibus et Peregrinis ex toto terrarum Orbe, devotionis affectu vel voti causa, ad limina Apostoli Nostri Hispaniarum Patroni ac Tutelaris **SANCTI JACOBI** *convenientibus, authenticas visitationis litteras expediat, omnibus et singulis praesentes inspecturis, notum facit:* Dnum Leandrem Gomes *hoc sacratissimum Templum pietatis causa devote visitasse. In quorum fidem praesentes litteras, sigillo ejusdem Sanctae Ecclesiae munitas, ei confero.*

Datum Compostellae die 26 *mensis* Septembris *anno Dni* 2011 .

Canonicus Deputatus pro Peregrinis

Compostela

75

Em Síntese

Durante a investigação descritiva, com a observação participante, foi possível ter a real vivência da experiência de se ser peregrino e participar das atividades que são realizadas por eles, das relações com as comunidades, das relações entre peregrinos, das relações dos peregrinos com os hospitaleiros, dos peregrinos com os albergues e com o Caminho Português.

O processo de viagens e deslocamento no mundo atual são uma forma de desaproximação com o meio percorrido, ou seja, uma perceção nula ou superficial, como afirma Duque (2005), assim, o caminhar ou peregrinar é uma forma de romper com parte deste processo de distanciamento e permitir uma aproximação e uma perceção mais ampla. No Caminho de Santiago Português, foi possível perceber como este processo de caminhar permite uma maior aproximação dos elementos culturais e patrimoniais existentes no caminho.

O ato de peregrinar vivenciado e observado é algo em que o indivíduo se coloca num ambiente que o torna vulnerável e exposto à probabilidade de contratempos e incertezas, acerca do que virá e como será. Assim, esta viagem não implica apenas uma mudança de ambiente, mas também um processo de reflexão, como explica Duque (2005).

"...Pôr-se a caminho significa, por isso mesmo, assumir que o caminho não é feito pelo caminho por nós, a nosso bel-prazer, segundo os nossos desejos e as nossas perspetivas do mundo. Pôr-se a caminho é feito pelo caminhar, é ser construído constantemente pela realidade que, no desfazer de cada curva ou na superação de cada montanha ou colina, sempre de novo nos surpreende e nos obriga a reconhecer que não somos nós o centro ou autores de tudo – aliás nem sequer de nós próprios. (Duque 2005, pag.235).

O facto de caminhar, estar imerso num meio diferente, ou seja, fora do cotidiano, tem o efeito de permitir ao indivíduo distanciar-se temporariamente destas amarras do dia-a-dia, e pode constituir uma forma de libertação do pensamento, possibilitando uma visão do mundo sobre outro prisma, com refere Duque (2005):

"De facto, quando caminhamos fazemos a experiência de abandono do lar, isto é, de sair das nossas seguranças auto-construídas. Saímos para a aventura, não tanto para conquistar o mundo, mas para o receber e, desse modo, nos receberemos a nós mesmos. Mas só seremos capazes de nos receber se conseguirmos perder todas as seguranças caseiras anteriores." (Duque 2005, pag.236).

 Mas este processo de incertezas e saída da vida cotidiana é suavizado com a boa relação e a receptividade das pessoas nas comunidades locais, uma vez que a vivência de peregrino também permitiu observar que ao longo do caminho percorrido, as pessoas das localidades estão familiarizadas com a presença dos peregrinos, sendo que existe uma convivência pacífica e amistosa. Principalmente nas pequenas localidades, existe um interesse das pessoas em dialogar com os peregrinos, mostrando solicitude e procurando ajudá-los, contando também um pouco da história e mostrando a localidade onde vivem.

No caminho foi possível encontrar locais onde são deixadas frutas para os peregrinos como um gesto de afeição, mas também há casos de oferta direta, principalmente por senhoras de mais idade, que presenteiam os caminhantes com frutas e água.

Outra atitude comum no caminho foi a saudação gentil, desejando "Bom dia!" e " "Bom caminho!", como uma espécie de tradição nas comunidades para com os peregrinos. As saudações não aparentavam ser uma ação mecânica de simplesmente saudar, mas sim a manifestação de satisfação e admiração pelos peregrinos.

Nas comunidades locais, os espaços comuns partilhados habitantes e peregrinos, como por exemplo cafés e restaurantes, a convivência foi sempre amigável, havendo pessoas das comunidades que tomavam a iniciativa e perguntavam aos peregrinos se podiam juntar-se a eles para conversar.

Nos albergues, tanto os hospitaleiros voluntários como os contratados demonstraram uma ótima relação com os peregrinos e estavam sempre dispostos a ajudá-los no que fosse necessário, desde simples informações de locais de visitação e alimentação, até à resolução de problemas de bem-estar e saúde, buscando acomodar os peregrinos da melhor maneira possível.

Os peregrinos mostraram-se muito agradecidos aos hospitaleiros pela atenção dispensada e por haver um local para os abrigar. Foi evidente o respeito pelas normas e regras dos albergues, que não foram questionadas e muito menos infringidas. Os peregrinos utilizaram os locais com respeito e organização (demonstrando respeito pelo local, pelos hospitaleiros, e também pelos hóspedes que iriam utilizar as mesmas instalações).

Entre os peregrinos foi observado um espírito de solidariedade: sempre que encontravam outro(s) peregrino(s) parado(s) no caminho, a pé e de bicicleta, perguntavam se estava tudo bem e se precisavam de ajuda. A interação entre peregrinos mostrou ser constante, facto que é explicado por Duque (2005):

"... o caminhante faz a experiência de não caminhar sozinho mas na companhia de outros caminhantes, igualmente marcados pelo mesmo caminho – mesmo que possam experimentar esse caminho de modo algo diverso. A solidariedade dos caminhantes, criada pelo caminhar – e eventualmente pela mesma meta e pelo mesmo caminho – é mais um sinal da ruptura do solipsismo do não-caminhante. (Duque 2005, pag.235).

Ao longo do caminho, os peregrinos procuravam conversar: saber de onde eram, onde iriam comer e ficar dormir; trocavam dicas acerca de locais para visitar e onde parar, partilhavam técnicas para aliviar as dores, formas mais confortáveis de levar as mochilas, etc..

Este espirito solidário, ou "comunista", como é formulado e explicado por Turner (1978), é algo comum nos locais de peregrinação, em que os indivíduos abandonam algumas regras sociais e hierárquicas que são vividas no seu cotidiano e ficam imersos num meio onde todos são iguais e se tornam membros de um grupo, relativamente horizontalizado, de poder. Um elemento que reforça este status de igualdade são os albergues, já que todos possuem as mesmas condições de hospedagem.

Nos albergues, os peregrinos respeitavam quando havia peregrinos a dormir, dividiam os espaços, em especial nas cozinhas, para fazerem as suas respetivas refeições, e também se mostravam generosos em compartilhar comidas, bebidas, medicamentos e outros equipamentos, como lanternas, carregadores de baterias e até mesmo computadores.

O nível de cooperação entre peregrinos surpreende, já que, indiferentemente da nacionalidade, crença ou motivação para fazer a peregrinação, foi manifesta a preocupação de auxiliar os demais peregrinos, como se todos fizessem parte de um grande grupo em peregrinação, ou seja, como se houvesse uma ligação através de um ideal comum, que era fazer o caminho.

Houveram momentos em que os peregrinos caminhavam sós, encontrando-se mesmo alguns que buscavam fazer o caminho motivados pelo desejo de ter um momento de reflexão e conversa consigo próprios, em busca do seu eu, ou seja, para se compreenderem, como descreve Duque (2005).

"Antropologicamente, o reconhecimento de cada um de nós não é único e que não é autor do mundo, nem dos outros, nem de si mesmo é fundamental, pois implica uma visão do ser humano que contraria o seu encerramento na estreita subjetividade. Ser pessoa significa reconhecer-se constantemente perante a diferença dos outros e do mundo; e é reconhecer que a identidade que a cada um nos constitui é uma identidade construída nessa relação ao outro e ao mundo, diferentes de nós e instauradores da diferença edificante. É, no fundo, uma identidade doada pelos outros e pela realidade que nos envolve." (Duque 2005, pag.235).

Os peregrinos, durante o caminho e nas localidades em que pernoitavam, procuravam locais e experiências para visitar e para conhecer, desde templos religiosos, históricos a danças e músicas: procuravam produtos da gastronomia local, desde pratos típicos, vinhos, doces frutas e outras iguarias, para experimentarem e registarem em suas mentes e também em vídeos e fotografias.

A peregrinação em sua raiz de significado, é tida como necessidade e uma busca interior a utilizar o exterior, ou seja, peregrinar, (Lima,

2007). Assim como foi presenciado e relato no Caminho de Santiago Português há pessoas que percebem e realizam este elemento patrimonial com um local de reflexão pessoal, sendo esta reflexão pautada na religião ou não.

As peregrinações, como é referido por Turner (1978), são movimentos que estão a crescer cada vez mais no mundo moderno, facto que é também justificado pela busca de uma exteriorização da fé, embora deva destacar-se que há um crescente número de indivíduos que realizam a peregrinação como forma de turismo, tendo ambos os casos sido presenciados no Caminho de Santiago Português.

Foi possível compreender que o peregrinar não se resume a chegar a uma meta; a meta norteia mas é apenas parte do processo, ou seja, não se trata apenas de chegar a Santiago de Compostela, um elemento importante é o caminho que se faz, as experiências e reflexões vividas ao longo do caminho, como refere Duque (2005):

"... os locais de peregrinação são símbolos que dão sentido ao caminho do peregrino. Sem meta, não há sentido..." "...Mas não é apenas a meta que é necessária, pois ela mesma torna o percurso necessário até ao lugar de chegada..." "...por isso mesmo, os locais de peregrinação conjugam de forma simbólica o mesmo ritual, a orientação final do caminho..." (Duque 2005, pag.241).

A investigação através da observação participativa permitiu conhecer e registar os processos e dinâmicas das ações de interação e de integração e as perceções, numa perspetiva sincrónica, na peregrinação realizada, ou seja, compreender algumas das motivações para realizar a peregrinação, as relações entre os peregrinos, dos peregrinos com as comunidades. Com este conhecimento, tornou-se também possível compreender um pouco desta experiência sob a perspetiva da sua relação com o património, de como as pessoas o percebem e se apropriam dele.

Capítulo 3
Discussão Política

Deste capítulo constam entrevistas realizadas com os presidentes das duas principais e mais ativas associações ligadas ao Caminho de Santiago Português, sendo que foram escolhidas para tal uma Associação com presidente em Portugal e outra em Espanha, sendo estas a Associação Espaço Jacobeus, em Braga/ Portugal, e a Associação dos Amigos do Caminho Português para Santiago, em Pontevedra/ Espanha.

A entrevista com o Presidente da Associação Espaço Jacobeus foi realizada na cidade de Braga/ Portugal. A entrevista com o Presidente da Associação dos Amigos do Caminho Português para Santiago foi realizada na cidade de Pontevedra/ Espanha, no X Encontro dos Hospitaleiros do Caminho Português.

As entrevistas foram realizadas com o propósito de compreender os objetivos das associações, das atividades que têm desenvolvido; conhecer a interpretação que elas fazem do Caminho de Santiago Português, dos peregrinos, das peregrinações; perceber as relações que estabelecem com outras associações e poderes públicos, e com as diferentes comunidades ao longo do caminho.

Desta secção consta também um relato do discurso do Cónego Delegado das Peregrinações da Catedral de Santiago de Compostela, Dom Jenaro Cebrián Franco, acerca do Caminho de Santiago, dos peregrinos e das peregrinações à cidade de Santiago de Compostela.

Na ocasião também foram realizadas entrevistas a grupos, para conhecer a opinião dos participantes, a quem foram colocadas algumas perguntas, e procedeu-se à observação e registo das discussões entre representantes dos albergues, agentes das Câmaras Municipais e outras associações, tendo como temas o Caminho de Santiago Português, os peregrinos, as peregrinações e suas motivações, as comunidades ao longo do caminho, e o papel das associações e do poder público.

No final do capítulo, é apresentada uma síntese desenvolvida a partir do relato do discurso do Cónego e das entrevistas realizadas com os presidentes das associações e das discussões entre representantes dos albergues, agentes das Câmaras Municipais e outras associações, para assim possibilitar uma reflexão e um entendimento dos temas abordados neste capítulo.

Associação Espaço Jacobeus - Portugal

Segundo o Presidente da Associação Espaço Jacobeus, a ideia da Associação Espaço Jacobeus surgiu em Outubro de 2003 na Universidade Católica de Teologia na cidade de Braga, a qual viria a ser formalmente aceite e autorizada pela Universidade Católica de teologia no dia 26 de Fevereiro de 2004. Os primeiros associados eram somente os estudantes da Universidade Católica de Teologia.

Quando surgiu, a Associação Espaço Jacobeus tinha como objetivo informar, preparar e fomentar a peregrinação a Santiago de Compostela. Assim, são criados pontos de informação para dar suporte às pessoas que desejam realizar a peregrinação. Este trabalho de suporte dos Jacobeus aborda questões técnicas ligadas à peregrinação, como o que levar, onde dormir, o que vestir e o tipo de calçado, o melhor horário para caminhar, a distância a percorrer por dia, entre outras. No entanto, a Associação Espaço Jacobeus também tem como objetivo proporcionar amparo espiritual, ou seja, auxílio no processo de busca espiritual de cada um que realiza o caminho, na mudança interior e no encontro da paz de espírito.

Estes trabalhos de auxílio aos peregrinos, segundo o Presidente, tiveram uma grande aceitação por parte daqueles e houve um grande aumento da demanda, tendo sido a associação convidada a abrir pontos de informação em Câmaras Municipais em Portugal.

O Presidente referiu que já no ano de 2004 o trabalho dos Jacobeus teve um crescimento de tal proporção, que a Universidade Católica de Teologia pediu aos associados que criassem uma associação externa à universidade, pelo que foram criadas as delegações de Braga e Viana do Castelo.

O Presidente referiu que já no ano de 2004, foi criado o Encontro Nacional do Caminho de Santiago em Portugal, com o objetivo de elaborar planos estratégicos para o desenvolvimento da peregrinação a Santiago de Compostela a partir de Portugal. A Associação Espaço Jacobeus realiza reuniões semanais, oficinas de peregrinos e seminários, com a finalidade de instruir, discutir e planear o desenvolvimento, entendimento e estratégias a serem aplicadas para fomentar a peregrinação a Santiago. Assim, foram pensados e criados novos albergues para os peregrinos e novas formas e estruturas de apoio.

O Presidente explicou que a Associação Espaço Jacobeus, em 2004, apresentou aos Xacobeos, na Galiza, uma proposta para a distribuição de credenciais aos peregrinos, uma vez que tal distribuição era feita sem regras e normas, ou seja, qualquer pessoa ou órgão podia fazer o pedido de credenciais, que eram emitidas na Galiza sem controlo de quantidade ou destino, ou mesmo do custo final a que chegavam aos peregrinos.

Segundo o Presidente, após aprovação das novas regras, a Associação Espaço Jacobeus, torna-se o único órgão oficial a realizar a distribuição de credenciais do peregrino em Portugal. Tal facto foi bem aceite por grupos e pessoas que realizavam a distribuição e comercialização das credencias em Portugal, surgindo assim alguns protestos e conflitos para a Associação e Espaço Jacobeus. As credencias de peregrinos eram enviadas pelos Xacobeos em Galiza para os Jacobeus em Portugal, por cada credencial era pago 0,50 euros (cinquenta cêntimos) aos Xacobeos da Galiza, e a credencial era entregue aos peregrinos em Portugal a 1,50 euros (um euro e cinquenta cêntimos).

O Presidente explicou que no ano de 2005 surgiu a ideia de se criar uma credencial portuguesa, pois até então a credencial espanhola tinha como idioma o espanhol e apresentava no seu mapa de peregrinação somente o território espanhol, ou seja, do Caminho de Santiago Português tinha como primeira cidade Tui, que é a primeira cidade espanhola no caminho de Santiago Português.

De acordo com o Presidente, o processo de elaboração de uma credencial portuguesa demorou cerca de 5 (cinco) anos, e somente em 2010 entrou em circulação, depois de elaborada, aprovada e reconhecida por Compostela, apesar de ter havido uma certa resistência por parte de alguns albergues de peregrinos públicos em Portugal e de outras organizações que faziam a distribuição das credenciais. Esse incidente de rejeição inicial, segundo o Presidente, foi rapidamente resolvido (logo após os primeiros incidentes em que a credencial foi tida como não válida e questionada por alguns órgãos), uma vez que essa mudança já havia sido aceite e confirmada em Compostela.

O Presidente referiu que, em 13 de Dezembro de 2009, após o fórum de sinalização do caminho em que houve a participação de câmaras municipais, comerciantes e da Associação Espaço Jacobeus, foi elaborada, como resultado deste fórum, a Carta Grijó, cujo objetivo foi estabelecer princípios básicos para a sinalização das peregrinações ao Santuário de Fátima e do Caminho de Santiago Português.

Na Carta Grijó, é feita menção à recomendação do Conselho Europeu do ano de 1984, que afirma a necessidade de uma cooperação entre Estados Membros para preservar os itinerários internacionais de peregrinação, sendo que estes itinerários do Caminho de Santiago foram reconhecidos em 1987 como o primeiro Itinerário Cultural Europeu e, em 2004, como sendo o Grande Itinerário Europeu.

O Presidente afirmou que a Associação Espaço Jacobeus, tendo em conta a importância do Caminho de Santiago em Portugal, enfatiza a necessidade de se reconhecer os caminhos a Santiago de Compostela em Portugal como Património natural e cultural nacional, e de estabelecer um corpo técnico para garantir a identificação e sinalização dos itinerários em território Português, tendo também referido a recente apresentação da candidatura do Caminho de Santiago Português junto da UNESCO, para ser reconhecido com Património da Humanidade.

No ano de 2010, segundo o Presidente da Associação Espaço Jacobeu, a Associação Espaço Jacobeu apresentou perante a UNESCO Portugal a proposta de candidatura ao reconhecimento do Caminho de Santiago Português como Património Mundial, tendo destacado o facto de que foi recebido "sinal verde" por parte da UNESCO Portugal.

Assim, após essa aprovação, a Associação Espaço Jacobeu reuniu com várias Câmaras Municipais a fim de estas iniciarem um processo de inventário dos caminhos de peregrinação em Portugal que levam até Santiago de Compostela e dos bens patrimoniais, artísticos e edificados, situados ao longo destes caminhos.

Outro ponto destacado pelo Presidente da Associação Espaço Jacobeus foi o facto da candidatura abranger, além dos caminhos do Litoral, do Caminho do Norte e do Caminho Medieval, vários outras caminhos, que levam a Santiago de Compostela, espalhados pelo território português, grande parte dos quais foram também caminhos de migrações e rotas comerciais utilizados ao longo da história como locais de passagem e de fixação.

Estes caminhos existem desde tempos anteriores ao reconhecimento de Portugal como país, tendo o Presidente referido as estradas romanas e outros elementos históricos da época que estão em risco, devido à falta de políticas de preservação, de inventários e estudos.

Segundo o Presidente da Associação e Espaço Jacobeus, foram entregues todos os materiais necessários para que as Câmaras Municipais fizessem esses inventários, para que a posteriori estes trabalhos fossem entregues à UNESCO dar prosseguimento ao processo de reconhecimento da candidatura que recebeu o nome de Caminhos Portugueses a Santiago.

No entanto, segundo a Associação Espaço Jacobeus, o processo de elaboração de inventários encontra-se em grande parte pelas Câmaras Municipais parado, alegando estas falta de recursos financeiros e técnicos para realizarem tais trabalhos.

Outra proposta apresentada pela Associação Espaço Jacobeus às Câmaras Municipais e outros órgãos públicos e associações, foi a criação de um corpo permanente, seja ele da esfera pública ou privada, para ficar à frente deste processos junto do Governo de Portugal e da UNESCO, quanto ao reconhecimento dos Caminhos Portugueses a Santiago, como património nacional português e da Humanidade.

O Presidente da Associação Espaço Jacobeus afirmou que não é possível à Associação assumir o protagonismo total nesse processo, por não possuir recursos técnicos, pessoais e financeiros para levar a cabo todos os procedimentos e dar a assistência necessária a todas as Câmaras Municipais.

Outra situação descrita pelo Presidente da Associação Espaço Jacobeus, que comprometeu a ideia inicial de proporcionar uma união entre as Câmaras Municipais o que, em geral não ocorreu, prende-se com o facto de terem começado a surgir ações isoladas de alguns câmaras e pequenos grupos de câmaras para identificar esse bens patrimoniais e comercializá-los como produtos turísticos, não havendo uma união efetiva das autarquias, nem mesmo um processo de comunicação entres elas.

A Associação e Espaço Jacobeus, além de auxiliar o peregrino em questões técnicas e espirituais, divulgar e fomentar a peregrinação a Santiago de Compostela, tem hoje como objetivo fomentar o desenvolvimento económico, cultural, social e político.

Segundo o Presidente da Associação, através do desenvolvimento e planeamento das ações de peregrinação e do reconhecimento por parte de órgãos públicos, o conhecimento por parte das comunidades da importância desses bens patrimoniais e do potencial ainda a ser explorado, pode proporcionar-lhes fontes de rendimento alternativas e favorecer a fixação à terra, com isso evitando o fenómeno que se verifica em algumas comunidades mais rurais de êxodo para zonas mais urbanas; bem como a valorização e preservação de práticas e costumes, o desenvolvimento nas diferentes esferas e também a preservação desse património em risco, esquecido ou mesmo desconhecido, tanto nas áreas urbanas como rurais do território português.

A Associação Espaço Jacobeus possui, atualmente, cerca de trezentos membros distribuídos em sete delegações espalhadas pelo país: a delegação de Braga, que também é a sede, a delegação de Barcelos, a delegação de Esposende, a delegação de Viana do Castelo, a delegação de Porto, a delegação de Viseu e a delegação de Lisboa. Estão em fase de abertura outras quatro delegações: a delegação de Valença, a delegação de Santo Tirso, a delegação de Belmonte, estando a quarta ainda aguardando a definição de local, que será em Malhado ou em Coimbra. Os membros da Associação têm direito a voto, quer para a escolha do presidente da associação, que para a definição das ações e políticas a serem adotadas pela associação.

O Presidente explicou que em todas as delegações são realizadas no mínimo 3 (três) atividades por mês, sendo que essas atividades consistem em fóruns para discutir ações, como por exemplo a sinalização do caminho, medidas de fomento, preservação e divulgação. São também realizadas pelas delegações oficinas e exposições, entre outras atividades para adultos e crianças, a fim de informar a respeito de Santiago e dos caminhos de Santiago em Portugal. Todas as ações realizadas pelas delegações são documentadas através de relatórios arquivados para efeitos de controlo e registo histórico da associação.

Outro ponto destacado pela Associação Espaço Jacobeus refere-se à prática de classificação das pessoas que realizam a peregrinação a Santiago de Compostela, como peregrinos, quando a peregrinação tem objetivos religiosos, motivados pela fé e pela adoração ao Apóstolo Santiago Maior, e como turigrinos, quando realizam o caminho de Santiago por motivações não religiosas e sim turísticas.

Para o Presidente da Associação Espaço Jacobeus, essa tentativa de diferenciar quem é peregrino de quem é turigrino não faz sentido, uma vez que uma pessoa pode iniciar o caminho como turigrino e terminar como peregrino, e vice versa, observando que há pessoas que simplesmente passam pelo caminho, enquanto outras deixam que o caminho passe por elas, sendo que esta última forma permite um transformação interior que não se resume a questões religiosas, acarretando uma mudança no modo de ver e entender-se a si e ao mundo à sua volta, que as torna verdadeiros peregrinos.

X Encontro de Hospitaleiros do Caminho Português

No X Encontro de Hospitaleiros do Caminho Português, que foi realizado nos dias 23 e 24 de Setembro de 2011, na cidade de Pontevedra em Espanha, reuniram-se hospitaleiros do Caminho Português, membros das organizações, como Via lusitana, da Associação dos Amigos do Caminho de Santiago de Viana do Castelo e da Associação dos Amigos do Caminho Português de Santiago, o Cónego Delegado de Peregrinações da Catedral de Santiago de Compostela, D. Jenaro Cebrián Franco e membros das Câmaras Municipais abrangidos pelo Caminho de Santiago Português.

Presidente da Associação dos Amigos do Caminho Português para Santiago – Espanha

Durante o encontro foi realizada uma entrevista com o Presidente da Associação dos Amigos do Caminho Português para Santiago, que falou um pouco dos objetivos da Associação e da sua visão acerca do Caminho de Santiago Português. Referiu que o Caminho de Santiago Português é um importante elemento patrimonial de Portugal e Espanha, e que o crescente número de peregrinos no caminho demonstra o quanto o caminho tem importância não só nos dois países, mas também no cenário internacional.

O Presidente explicou que os objetivos da Associação dos Amigos do Caminho Português para Santiago são divulgar o Caminho de Santiago Português, fomentar as peregrinações, realizar investigação acerca do caminho, preservar o Caminho de Santiago Português, realizar eventos para a promoção e divulgação do caminho, auxiliar os peregrinos e promover de forma direta e indireta a criação de mais estruturas e infraestruturas para melhorar as condições para as peregrinações.

Segundo o Presidente, existe um potencial muito grande no Caminho Português, ainda pouco explorado pelos dois países, visto que dentro de Portugal e de Espanha ainda existe um desconhecimento por grande parte das pessoas do que é o Caminho de Santiago Português, da sua história e dos benefícios que este pode trazer, do ponto de vista económico e cultural, para ambos países.

O Presidente referiu que está a trabalhar para divulgar o Caminho Português em Portugal e Espanha, mas também no cenário internacional. Um exemplo disso é o facto de que em 2012 vai ser realizado um evento no Brasil, na cidade de São Paulo, com o objetivo de incentivar mais brasileiros a realizar o Caminho Português e de divulgá-lo como caminho oficial para os brasileiros, pois a história e os laços entre os dois países (Portugal e Brasil) estão vivos, já que existem vários elementos culturais brasileiros que têm as suas raízes na cultura portuguesa, podendo testemunhar-se, ao longo do caminho, estes elementos culturais, sugestivos de que a cultura portuguesa está presente na vida e história dos brasileiros.

O Presidente afirmou que o Caminho Português é um importante elemento que ajuda a divulgar a cultura e as localidades por onde passa, sendo um fator de relevo no processo de preservação do património, além de desenvolver o turismo e a economia. Acrescentou que existe um trabalho de investigação relativo aos elementos patrimoniais, culturais, materiais e imateriais do Caminho que está a ser realizado, para que estes possam ser recuperados e reconstruídos.

O Presidente foi o responsável por realizar o processo de sinalização do Caminho Português nos anos de 1993 e 1994, altura em que começaram a ser utilizadas as setas amarelas para indicar e estabelecer um caminho oficial.

Ele relatou que em 1993 eram quase inexistentes os locais para abrigar os peregrinos, que ficavam acampados e faziam a sua higiene em rios e fontes de água que encontravam pelo caminho, valendo o facto de que ao longo do caminho existia sempre uma forte solidariedade entre os peregrinos, e da parte das comunidades, sempre dispostas a ajudar, mesmo sem saber bem a história de Santiago e qual o objetivo da peregrinação.

O Presidente disse entender que há uma grande transformação no

Caminho de Santiago Português, que as motivações dos peregrinos estão a mudar; que na sua maioria não mais buscam realizar o caminho pela fé, mas por sim por questões de lazer e cultura; que se deve compreender e aceitar estas mudanças; que se deve aproveitar todos os benefícios gerados pelo caminho e pelos peregrinos sem a preocupação de os rotular como peregrinos, turigrinos ou outros, compreendendo que todos são peregrinos, apesar das suas diferentes motivações; que a principal preocupação neste sentido é trabalhar para que haja harmonia entre eles e com as comunidades ao logo do caminho.

Quando perguntado sobre a candidatura do Caminho Português a património da humanidade junto a UNESCO, ficou bem explicito que existe uma rivalidade entre a Associação Espaço Jacobeus e a Associação dos Amigos do Caminho Português de Santiago, pois respondeu que não era relevante este assunto.

A postura do Presidente veio confirmar o facto já observado no encontro, que existem organizações e albergues que apoiam a Associação Espaço Jacobeus e outras que apoiam a Associação dos Amigos do Caminho Português de Santiago, sendo que no evento em questão, não havia representantes dos albergues que apoiam a Associação Espaço Jacobeus, pois não acham legítima a existência de um Presidente para o Caminho Português, e não apoiam quaisquer atividades em que a Associação dos Amigos do Caminho Português de Santiago esteja envolvida.

Cónego Delegado das Peregrinações da Catedral de Santiago de Compostela

Dom Jenaro Cebrián Franco foi convidado a falar sobre o Caminho de Santiago na abertura do encontro, e relatou a experiência de ser o responsável da igreja católica em Santiago de Compostela por coordenar as peregrinações ao túmulo do Apóstolo Santiago, tendo explicado que a igreja católica verifica que os valores cristãos são renovados a cada dia e que o culto ao Apóstolo Santiago é uma demonstração disso, já que só no ano de 2009 chegaram a Santiago mais de 145 mil peregrinos, sendo o Caminho Português o segundo mais realizado, representando 12% do total de peregrinos.

Dom Jenaro observou que existem vários tipos de peregrinos, ou seja, que as motivações que levam a realizar a peregrinação são bem diversas, mas que os cristãos e a fé em Santiago sempre estão presentes, e quem realiza a peregrinação está imerso nesta fé e é tocado por ela.

O Cónego destacou a importância do Caminho de Santiago Português e a necessidade de planeamento para que os peregrinos e as comunidades possam conviver em harmonia e não se perca a essência dos valores cristãos e a devoção que as pessoas do Norte de Portugal têm para com Santiago.

Dom Jenaro falou dos trabalhos que são desenvolvidos pelas paróquias ao longo do Caminho Português, junto às comunidades e albergues, para que não de desvirtuem os objetivos das peregrinações, e que para isso se faz necessário ter controlo dos albergues públicos com normas e regras que garantam nestes locais um ambiente de fé e reflexão. Dom Jenaro sublinhou que a Igreja Católica tem uma forte preocupação em preservar o real sentido da peregrinação, que é a viagem interior e a transformação do ser, e que o caminho deve ser realizado para fortalecer a fé, principalmente dos mais jovens.

Dom Jenaro disse entender que o Caminho de Santiago também é um caminho cultural, mas que o caminho cultural não pode ser maior ou superar os valores cristãos que são a essência de existir o caminho. Dom Jenaro enfatizou que a peregrinação a Santiago é uma das três maiores peregrinações do mundo e que peregrinar é ir em busca das raízes da fé, que o caminho não se resume aos monumentos no percurso, antes ganha sentido nos valores despertados ao longo do caminho.

Para Dom Jenaro, as peregrinações resumem-se a uma reflexão com Jesus Cristo, com as suas obras e significados, em que se reforma ou desperta a luz interior, onde se encontra o amor, afirmando que o caminho se faz como uma meta de conversão e crescimento, como um pão que cresce por receber a levedura. Disse também que a peregrinação é um ato de penitência que traz ao peregrino uma reflexão sobre a sua existência.

Dom Jenaro explicou que por mais que se acabem as setas amarelas, os peregrinos vão chegar ao seu caminho, pois vão encontrar no seu coração a direção de uma vida de reflexão e acessão e ligar-se a algo superior, referindo-se a Deus, e que o caminho ajuda o peregrino a encontrar a felicidade nas coisas simples da vida, ajuda a desenvolver o desapego dos bens materiais. Para Dom Jenaro o caminho não pode ser visto e entendido como uma moda, como algo turístico, pois se assim fosse, um dia sairia de moda e ficaria nas margens, esquecido. Portanto, os valores que o regem não podem ser meramente turísticos e o caminho é muito maior que isso.

Dom Jenaro afirmou que a igreja é contra a abertura de novos caminhos, referindo-se ao Caminho da Costa em Portugal, pois diz que surgem sem sentido e podem desvirtuar o verdadeiro significado da fé e da peregrinação; ao invés de se preocuparem em criarem novos caminhos, devem preocupar-se em fazer com que os peregrinos encontrem cada vez mais um ambiente cristão para fazer o caminho.

Dom Jenaro foi bastante enfático quando disse que o Caminho de Santiago termina em Santiago, fazendo referência aos peregrinos que chegam a Santiago de Compostela e depois seguem sua viagem para a Finisterra, local que se acreditava ser o fim do mundo e onde já era realizado o culto pagão aos astros há mais de três mil anos A/C (antes de Cristo). Assim, a Igreja Católica em Santiago de Compostela tenta dissuadir os peregrinos de continuar a viagem até Finisterra.

Representantes dos Albergues, Câmaras Municipais e outras Associações

Após o término da abertura do evento e no dia seguinte, foram obtidas informações junto dos representantes dos albergues, das

Câmaras Municipais e de outras associações ligadas ao Caminho de Santiago Português.

O grupo formado por estes diversos atores do Caminho Português defenderam a ideia de desenvolver uma agenda cultural ao longo do ano, para reduzir a sazonalidade das peregrinações, e com isso justificar e atrair novos investimentos nas localidades e também como uma forma de valorizar elementos culturais existentes.

Os Representantes dos Albergues, Câmaras Municipais e outras Associações também defenderam a necessidade de se desenvolver mais ações em parceria com as Câmaras Municipais e Juntas de Freguesia direcionadas para as comunidades ao longo do Caminho Português, para que estas conheçam mais sobre a história de Santiago e do Caminho de Santiago, conheçam os bens patrimoniais existentes nas suas localidades, e possam explorar estes bens e contribuir para o desenvolvimento local.

Entre as discussões, não havia consenso quanto às ações a realizar para atrair mais peregrinos, pois existiam aqueles que defendiam não aumentar o seu número no caminho, mas sim melhorar primeiro as condições para a peregrinação, defendendo também que deveriam ser criados mecanismos para que apenas os peregrinos por motivos religiosos tivessem acesso aos albergues públicos.

Entretanto, outros apoiavam a ideia de atrair novos peregrinos e de não limitar o Caminho Português à peregrinação religiosa, encarando-o como forma de peregrinação cultural, propondo a flexibilização das regras e normas dos albergues públicos, bem como o incentivo à abertura de albergues privados, já que a demanda é superior aos serviços disponíveis nos albergues públicos.

Outra questão colocada foi a da criação de uma união dos representantes do Caminho Português para que se possam discutir problemas, soluções e projetos de desenvolvimento, embora se entendesse que este processo seria longo e difícil, uma vez que existem atores do Caminho Português ligados à Associação dos Amigos do Caminho Português de Santiago e outros à Associação Espaço Jacobeus, estando cientes da rivalidade entre ambas.

Foi dito também que existe uma associação de municípios do Caminho Português que conta com a participação de dez municípios, porém, segundo eles, não houve até ao momento ações efetivas que tenham beneficiado o Caminho.

Gerou-se alguma discussão em torno do tema dos processos de classificação e ações desenvolvidas no Caminho Português, que devem ter uma maior abertura efetiva, para que haja uma participação das comunidades envolvidas, verificando-se que já foram realizadas ações que causaram transtorno nas vidas das pessoas que vivem nessas comunidades, como por exemplo mudanças no trânsito, legislação que estabelece normas de construção e uso do solo. Para os Representantes dos Albergues, Câmaras Municipais e outras Associações, estas ações sem consulta e participação das comunidades envolvidas promovem, em alguns casos, atitudes de aversão ao caminho e aos peregrinos.

Outra questão abordada salientou a importância dos peregrinos enquanto fator no processo de preservação, pois através deles é possível divulgar e valorizar a diversidade cultural existente nas comunidades, além de tornar certos elementos culturais sustentáveis, originando benefícios económicos (por exemplo, a produção de artigos manufaturados que não teria condições de competir com os produtos similares industrializados, se não houvesse o mercado concreto criado pelos peregrinos à sua passagem).

Para os Representantes dos Albergues, Câmaras Municipais e outras Associações, o Caminho Português foi e é um importante elemento cultural de Portugal e de Espanha que ajudou e ajuda no processo de integração dos dois países, sendo muito importante manter este elo.

Nos diálogos, foi discutida a ideia de que os albergues não podem ser espaços apenas para os peregrinos, mas também locais de uso da comunidade, para que esta se envolva e sinta que o albergue lhe pertence, por um lado, mas também para que haja maior relação entre peregrinos e comunidade.

Outra questão colocada foi a da necessidade de inserir no Programa

Diretor dos Municípios (PDM), ao longo do Caminho Português, políticas de desenvolvimento ligadas de forma direta ou indireta ao Caminho de Santiago, que sejam tidas com metas para os municípios, para que as ações desenvolvidas tenham continuidade e não se encerrem quando houver mudanças dos gestores políticos, pois já ocorreram casos assim.

Segundo os Representantes dos Albergues, Câmaras Municipais e outras Associações, há trechos do Caminho Português que colocam em risco a integridade física dos peregrinos, tendo já havido tentativas para mudar os trajetos, goradas devido a pressões de comerciantes que são beneficiados pelo facto de o caminho passar próximo dos seus estabelecimentos comerciais. A manutenção de tais trajetos é uma questão alvo de grande polémica, pois o interesse económico parece estar acima da segurança e do bem-estar dos peregrinos.

Para os Representantes dos Albergues, Câmaras Municipais e outras Associações no Caminho Português, ainda não existe um consenso entre o corpo técnico responsável pelo caminho a fim de estabelecer de forma efetiva onde deve ou não passar o Caminho Português, além dos conflitos de interesse económicos. Antes os peregrinos eram tidos como mendigos caminhantes, agora o que impera é que vários municípios querem que as setas amarelas passem pelas comunidades ou próximo delas, motivados pelos interesses políticos e económicos.

Outro ponto destacado prende-se com o facto de que nos encontros e outros eventos, os representantes das comunidades ou associações que se expressam e têm opiniões divergentes da maioria dos participantes não voltam a ser convidados para participar nas discussões e no planeamento do Caminho Português.

Em Síntese

As questões apresentadas neste capítulo demonstram a complexidade que envolve o Caminho de Santiago Português. As entrevistas realizadas nesta primeira parte possibilitaram a compreensão de uma parte das dinâmicas dos processos políticos relacionados de forma direta e indireta com o Caminho de Santiago Português.

O Caminho de Santiago Português possui uma história cumulativa, termo utilizado por Lévi-Strauss (2010), ou seja, resulta de uma sucessão de factos ao longo dos tempos e no presente, em que ocorreram e ocorrem mudanças e transformações. Estas transformações, como foi possível perceber, estão a ocorrer de forma cada vez mais acelerada, devido a vários fatores, entre os quais se pode destacar a divulgação da rota de peregrinação portuguesa a Santiago e consequentemente o aumento no número de peregrinos, e os interesses políticos e económicos envolvidos de forma direta no Caminho de Santiago Português.

Inicia-se essa discussão com a elocução do Presidente da Associação e Espaço Jacobeu, em que este explica que a Associação nasceu com um objetivo e através do tempo foi tomando outras proporções e objetivos, pois começou com um trabalho mais ligado ao aparo espiritual - ou seja, de cunho religioso cristão, - aos peregrinos e como um centro de informações básicas para realizar a peregrinação, mas que, foi também voltando o seu interesse para o desenvolvimento económico, político e cultural associado à peregrinação e ao Caminho de Santiago Português.

A intervenção do Presidente da Associação e Espaço Jacobeu permitiu compreender a complexa rede que envolve a candidatura do Caminho de Santiago Português a Património da humanidade pela UNESCO, e os processos técnicos e políticos que devem decorrer para a concretização do reconhecimento. Além disso, foi possível perceber quais são também as intenções que se pretendem que sejam exploradas, nos processos de desenvolvimento e exploração do Caminho de Santiago Português.

Em seguida, destaca-se a entrevista realizada com o Presidente da Associação dos Amigos do Caminho Português de Santiago e Presidente da Fundação do Caminho de Santiago, em que destaca que um dos principais objetivos da associação é promover o Caminho de Santiago, independentemente das motivações, religiosas ou não, sendo o importante dar assistência aos peregrinos, promovendo o desenvolvimento económico, cultural e social.

Assim, comparando as Associações, verifica-se que ambas buscam através do Caminho Português o desenvolvimento económico, social e cultural, ou seja, fazer do Caminho Português um produto a ser explorado para o desenvolvimento das localidades que ele abrange.

Ficou bastante clara a disputa de poder entre as associações, que formam grupos de aliados de acordo em os interesses e ideais convergentes, como foi presenciado em alguns albergues e Câmaras Municipais, que apoiam uma das associações e participam e desenvolvem atividades ligadas ao Caminho de Santiago Português. Os conflitos de interesses associados ao Caminho Português, desde o processo de criação, emissão e distribuição das credenciais de peregrinos, põem a descoberto uma parte dos processos de conquista de poder sobre o Caminho de Santiago Português.

O processo de candidatura a património da humanidade é um exemplo claro destas questões de disputa de poder, pois a candidatura não é apoiada pela Associação dos Amigos do Caminho Português de Santiago, uma vez que a mesma foi realizada pela Associação e Espaço Jacobeu e, como já foi apresentado na entrevista, o Presidente da Associação dos Amigos do Caminho Português de Santiago prefere não tocar no assunto da candidatura.

Em ambas as Associações apresentadas, existe um processo de valorização dos elementos patrimoniais do Caminho de Santiago Português, dando-lhes destaque pela sua relevância para a cultura da localidade ou da região, pondo em evidência o que é diferente para, a partir desta diferença cultural e patrimonial, atrair outros indivíduos para conhecerem estes bens e desta forma de gerar benefícios, ou seja, destacar os bens patrimoniais e explorá-los.

Mas este processo de busca de elementos tidos como únicos e diferenciados é também entendido como uma necessidade humana, o buscar ser diferente, expressar-se no mundo e ter a sua identidade, e esta necessidade torna-se mais premente na atualidade, como destaca Choay (2011):" Porque o único e verdadeiro problema com o qual nós somos confrontados hoje no quadro de uma sociedade mundializada é o continuar a produzir meios humanos diferentes, sob a pena de perder, desta vez, não a nossa identidade cultural, mas antes de tudo uma identidade humana cuja diversidade de culturas é a indissolvível condição." (Choay 2011, pag.50)

A recuperação de traços culturais é algo complexo que exige uma série de análise de fatores como destaca Beni (2001), assim como foi possível detetar no Caminho de Santiago Português, existe uma busca para a recuperação de alguns traços culturais, sendo esta busca além de um valorização identitária, uma fonte de exploração económica.

É sabido que caso o Caminho de Santiago Português venha a ser reconhecido com património da humanidade, pode haver um grande aumento no número de peregrinos, pois sabe-se que quando há o reconhecimento de um bem pela UNESCO, se cria uma demanda quase instantânea de pessoas a consumir estes bens, como um produto turístico, como apresenta Choay (2011). " É no entanto, a acção da Unesco, com a sua classificação do património mundial, que a comercialização patrimonial deve seu desenvolvimento exponencial. É, portanto, lógico e legítimo que «em reconhecimento das diretivas, da assistência e dos estímulos fora do comum que prodigalizou 185 países do mundo inteiro para lhes permitir estabelecer e recuperar 878 lugares a património mundial», «e tendo em conta os seus desempenhos excepcionais na indústria do turismo»...(Choay 2011, p.48)

Neste processo de candidatura junto da UNESCO do Caminho de Santiago Português, caso se concretize o seu reconhecimento, tal desfecho pode ter como consequência uma posição de destaque da Associação e Espaço Jacobeu, ao mesmo tempo que as associações rivais podem perder espaço e poder sobre as ações desenvolvidas no Caminho de Santiago Português. Por este motivo, pode compreender-se que o Presidente da Associação dos Amigos do Caminho Português de Santiago não faça qualquer referência ao processo de candidatura.

A rivalidade entres as Associações é recíproca, pois o Presidente da Associação e Espaço Jacobeu não reconhece o título do Presidente da Associação dos Amigos do Caminho Português de Santiago como Presidente do Caminho Português, justificando tal rejeição dado o Caminho de Santiago ser de todos.

Assim, as Associações de forma isolada buscam desenvolver ações diretas e indiretas para valorizar e fomentar as peregrinações a Santiago de Compostela pelo Caminho Português, a fim de destacar e preservar o património, tornando-o num produto que pode ser consumido por diferentes grupos com diferentes motivações, além da religiosa, que foi a principal motivação durante séculos.

Como é destacado por Soares (2009), os processos de escolha de determinados bens culturais e patrimoniais não são em sua maioria um processo espontâneo, mas sim um jogo de forças e interesses em que determinado grupo ou grupos, buscam dar uma posição de destaque a determinados bens, e assim se beneficiarem com este processo, seja de foram direta ou indireta. No Caminho de Santiago este processo mostra-se claro na prática, em que os grupos buscam, cada um pautado em sua ideologia, interpretar e valorizar este bem que é o Caminho de Santiago Português.

Na intervenção do Cónego responsável pelas peregrinações a Santiago de Compostela, ficou explícita a visão da igreja quanto ao desenvolvimento do Caminho Português, salientando-se a condenação da abertura de novos Caminhos, pois estes desvirtuam o sentido real da peregrinação para a Igreja Católica - de adoração, penitência e sacrifício -, tendo como intuitos, cultura, lazer, desporto, turismo, entre outros.

Quando o Cónego referiu que podem acabar as setas amarelas, que o Caminho de Santiago vai continuar a existir, deixou entender que por mais que os conflitos políticos e os interesses económicos que envolvem o Caminho de Santiago tentem reger o Caminho, os valores cristãos como o culto ao Apóstolo Santiago vão ser sempre superiores.

No discurso do Cónego ficou bem claro que a Igreja Católica é contra o desenvolvimento do Caminho de Santiago como um produto meramente turístico, estando em curso um processo de sensibilização por parte dos seus representantes, junto às comunidades ao longo do Caminho de Santiago, para fortalecer os valores religiosos da peregrinação, assim como um processo de afirmação e renovação dos valores católicos, em que ele destaca principalmente a participação dos jovens na peregrinação.

O Cónego salienta que, independentemente das questões políticas, os Caminhos a Santiago continuarão a existir, pois o que faz o caminho é a fé, os valores católicos, e condena de certa forma ações que fogem deste valores e motivações para a realização da peregrinação, e é bastante enfático em dizer que o caminho não é uma moda, não é um produto de consumo, mas sim um trajeto de reflexão e encontro com Deus e os valores Cristãos.

Outra questão destacada pelo Cónego refere-se a atividades marginais à peregrinação, afirmando que o Caminho de Santiago termina em Santiago de Compostela, condenando, de uma forma indireta, a continuação da peregrinação até Finisterra.

As entrevistas coletivas com representantes dos albergues, Câmaras Municipais e outras associações demonstram a divergência de opiniões quanto ao Caminho de Santiago, pois alguns pretendem fazer do Caminho Português uma oportunidade de desenvolvimento das localidades por onde ele passa, e querem fomentar e atrair mais pessoas a realizar o caminho, indiferentes ao motivo da peregrinação, religioso ou não. Há uma linha que defende que o Caminho de Santiago é um caminho de peregrinação religiosa, e não um produto turístico, cultural ou desportivo como a solução para os problemas económicos das comunidades ao longo do trajeto.

Através das entrevistas apresentadas, é possível concluir que existe um grande conflito político entre os atores supracitados e também existem várias divergências na compreensão do que é o Caminho de Santiago Português. Alguns têm a visão de que o Caminho de Santiago Português deve preservar o seu caráter religioso, e não desejam que sejam acrescentados e muito menos fomentados outros tipos de motivações que não a fé. Outros atores perspetivam-no como um produto comercial, e assim acreditam que deve ser explorado, ou seja, devem nortear-se as ações de desenvolvimento a partir deste princípio, indiferentemente da motivação do peregrino.

O Caminho de Santiago Português - e a sua patrimonialização – é tido como a salvação económica de algumas comunidades e também como alternativa para se conseguir o desenvolvimento local e regional. Esta questão de utilização da patrimonialização é abordada por Choay (2010), que diz: "Ela representa hoje em dia, diretamente ou não, uma parte crescente do orçamento e do lucro das nações. Para muitos Estados, regiões e municípios, ela significa a sobrevivência e o futuro económico. É por isso que a valorização património histórico é um empreendimento considerável". (Choay, 2010. p.241)

Outra questão de interesse relaciona-se com a forma como os peregrinos são vistos por determinados atores citados, como pessoas em busca de fortalecer a sua fé cristã, devendo ser tratados e acolhidos no contexto dos valores cristãos, sendo o Caminho de Santiago um caminho de penitência e sacrifício. Estes defendem que as ações para com os peregrinos devem ser pensadas com base nestes valores cristãos, para que não seja desvirtuado o sentido da peregrinação.

Esta linha denominada mais "conservadora" defende que a massificação dos peregrinos pode ter impacto negativo nas comunidades e sobre os próprios peregrinos, como é sugerido por Choay (2010), que refere a existência de certos efeitos negativos que podem resultar em situações irreversíveis. Assim, é necessário um planeamento de todas as ações e das suas possíveis problemáticas, a fim de evitar que se coloque em risco a identidade cultural e o património.

Há aqueles atores que veem os peregrinos como consumidores de um produto, ou seja, independentemente das motivações, as suas necessidades devem ser satisfeitas. Os peregrinos são vistos por estes atores do Caminho de Santiago como elementos económicos. Para esta vertente de pensamento, mercantilizar o património também é uma forma de valorização de determinados bens culturais e patrimoniais, e mais uma vez os peregrinos são tidos como consumidores e também divulgadores de determinados bens patrimoniais.

Deve salientar-se que à mercê destas disputas estão os peregrinos, que são atores consumidores deste processo que envolve a criação de bens de consumo, ou seja, a produção de uma oferta, seja ela legítima ou não, de produtos culturais. Mas há também as comunidades envolvidas, que podem ser induzidas a criar, ou a recriar elementos culturais, com diz Choay (2011):"Esta cruzada pelo consumo mercantil do património não é somente prejudicial aos visitantes, ao mesmo tempo enganados quanto à natureza do bem a consumir e colocados em condições de amontoamento e ruído totalmente impróprios a qualquer deleite intelectual ou estético". (Choay 2011, p.48)

Como destaca Rodrigues (2005), o património cultural exerce uma grande influência de como o indivíduo e o grupo percebem o espaço em que vivem, influência na sua leitura do passado e do presente. Seguindo esta linha, os processos políticos do Caminho de Santiago, são importantes elementos para compreender como estas comunidades são influenciadas a perceber o espaço onde vivem. As diferentes correntes de pensamentos e interpretação do Caminho de Santiago demostraram uma parte desta interligação do património cultural e sua influência na vida das localidades abrangidas pelo Caminho de Santiago Português.

Em suma, estes processos políticos que envolvem o Caminho de Santiago são bem diversificados e não cabe aqui dizer que este ou aquele estará correto ou incorreto. As várias linhas de pensamento abordadas seguem os interesses de determinados grupos, constituindo, assim, formas diversificadas de ver, apropriar e explorar este bem patrimonial.

Considerações Finais

Como preconiza Geertz (1978), para realizar um trabalho etnográfico e fazer uma "Descrição Densa", ou seja, entrar de forma profunda nesse emaranhado de elementos representativos da cultura, assim esta investigação percorreu algumas linhas desta trama que compõe o Caminho de Santiago, para apresentar e registar uma parte dos elementos que constituem este tecido.

Os estudos das sociedades pela antropologia é um importante elementos de registo dos grupos sociais, das relações existentes nos grupos, ou seja, das relações entre indivíduos e com o meio em que habitam ou transitam, sejam elas em escala local regional e/ou nacional, como aponta Batalha (2005). Neste trabalho de investigação foi possível compreender como este registo se faz necessário e como estas transformações estão a desenvolver de forma acelerada no Caminho de Santiago Português.

A vivência de ser um peregrino, ou seja, estar nos locais comuns, ter diálogos, conviver e observar o comportamento dos mesmos, foi um auxiliar valioso neste processo de compreensão e registo de como se relacionam com locais e populações por onde passam, das relações entre si, e as sensações e sentimentos que foram vivenciados ao longo da viagem.

Quanto aos peregrinos, foi possível verificar que as motivações para realizarem o Caminho de Santiago Português são bastante diversas e não são voltadas apenas para as questões religiosas, sendo que foi constatado que a motivação religiosa declarada era minoritária. Este processo de transformação ou agregação de motivações para realizar o Caminho de Santiago vem mais uma vez demostrar como as relações com o património são algo dinâmico, mutável e nunca cristalizado.

As relações entre as comunidades por onde passa o Caminho Português e os peregrinos demostrou ser pacífica, ou seja, na sua maioria as pessoas aceitam a presença dos peregrinos e em muitos casos velam pela sua segurança e bem-estar e, quando solicitados, apresentam boa disposição para auxiliar no que for necessário.

Foi possível perceber que o tratamento amistoso e solidário dispensado ao peregrino por parte das comunidades, ao longo do caminho, não é regido por motivos religiosos, mas sim pelo desejo de receber bem quem visita o local onde vivem, e pelo prazer de compartilhar as suas histórias e experiências e também conhecer a cultura do visitante, que faz o mesmo, e compartilha a sua cultura.

A relação da maioria dos peregrinos com os locais por onde passavam mostrou ser de curiosidade, buscando conhecer os monumentos, miradouros, culinária e outros produtos e formas de produção: nas localidades, buscavam principalmente elementos como comidas e bebidas típicas, locais ou regionais, para experimentarem e interagirem com as pessoas locais, ou seja, uma aproximação e interesse pela cultura e património.

Entre os peregrinos, foi detetada uma relação de auxílio, um elo, isto é, uma espécie de espírito comunitário, uma ligação afetiva temporária, comum e solidária quando imersos no caminho de Santiago. Embora em dados momentos quisessem estar sós, não se sentiriam sós. A ligação com os outros peregrinos parece ser uma forma de segurança e motivação frente às adversidades e dificuldades físicas do caminhar, as dores, o cansaço. Mas a relação com outros peregrinos também envolve questões psicológicas, como o medo do desconhecido, do que vem à frente no caminho; a vulnerabilidade por se estar num ambiente sobre o qual não se exerce controlo; a necessidade de conversar e refletir sobre a vida e sobre os modos de viver e compreender o mundo, ou seja, compartilhar experiências e reflexões.

Do ponto de vista político, no que se refere ao processo de candidatura do Caminho de Santiago Português a património da humanidade, o registo das posições das diferentes instituições envolvidas, públicas, privadas e da Igreja Católica, tornou possível perceber que existem várias linhas de pensamento e ação.

Quanto ao reconhecimento do Caminho de Santiago a património da humanidade, foi possível perceber que o processo se encontrava num momento de fragilidade, pois não havia convergência de forças para garantir a concretização do processo, além do facto de haver uma divergência entre as duas associações com maior expressão nas políticas ativas do Caminho de Santiago Português. O discurso do representante da Igreja Católica responsável pelas peregrinações evidenciou uma certa indiferença face à questão políticas que, segundo ele, divergem da direção principal, do objetivo real da peregrinação, que é a motivação religiosa e a adoração a Santiago.

Como é apontado por Zanirato (2009), o património cultural é o legado dos antepassados para conhecimento da história e como se construiu as nações e civilizações atuais, sendo de suma importância criar mecanismo de salvaguarda destes bens. A busca do reconhecimento junto a UNESCO tendo a Associação e Espaço Jacobeus como idealizadora deste processo é uma forma de salvaguarda do Caminho de Santiago Português, mas além da salvaguarda, busca uma forma de explorar este bem patrimonial de forma económica.

Nas questões políticas, foi possível detetar linhas de pensamento e ação que defendem a estruturação e utilização do Caminho de Santiago Português com sendo uma rota de peregrinação religiosa, e pretendem mantê-lo como fator de atração, conservando os albergues públicos para os peregrinos religiosos. Já uma outra linha defende a exploração mais alargada do Caminho de Santiago Português, como uma forma de turismo religioso, cultural e de lazer, e fundamenta este posicionamento tendo como principal bandeira o desenvolvimento económico, social e cultural das localidades.

Handler (1988) aborda a questão da manipulação da cultura como um processo de "Objetivação da Cultura" em que esta se torna um meio para atingir um objetivo, ou seja, ela é direcionada de acordo com interesses, processo que é evidente no Caminho de Santiago, sejam os objetivos políticos económicos, culturais ou sociais.

As questões políticas que permeiam o Caminho de Santiago Português mostraram estar bastante ativas, ainda mais impulsionadas pelo crescente número de peregrinos que a cada ano toma o Caminho Português como rota de peregrinação, e pelo impacto, positivo e negativo, que esta atividade gera nas comunidades envolvidas, de forma direta ou indireta. Estes processos políticos demonstram estar num estágio de franco desenvolvimento e longe de se estabilizarem, por haver um equilíbrio de forças entre os grupos que são rivais.

Sobre este tema, Handler (1988) narra os factos políticos ocorridos no Quebec no ano de 1976, em que o partido dos Québécois sai vitorioso das eleições, e se serve dos seus poderes políticos para resgatar e valorizar certos traços culturais, a fim de estabelecer uma identidade ligada aos interesses políticos, ou seja, é o poder político que determina o que deve ou não ser valorizado, tendo por trás disto os seus interesses.

Essa questão apresentada em Handler (1988) demostra como o poder político pode interferir no processo de construção de uma identidade, seja ela na escala macro ou micro. Estes factos ocorridos no Quebec exemplificam como as ações políticas podem interferir nas questões relacionadas com o Caminho de Santiago Português, pois permite interpretar as ações políticas e identificar os conflitos de interesses em que está envolvido o Caminho de Santiago Português.

Como destaca Turner (1978), é percebido que no Caminho de Santiago Português existe um crescente processo de burocratização das peregrinações, isto é, um aumento no número de associações e outros grupos especializados em organizar os espaços e as regras para estas se realizarem.

A construção e interpretação do património cultural sofre variações de acordo com o tempo e as necessidades dos grupos como diz Rodriguês (2005). Como foi possível perceber, no trabalho de campo e na investigação exploratória, o Caminho de Santiago pertence a este processo dinâmico de transformação e interpretação, em que os grupos, de acordo com as suas necessidades e interesses, se apropriam deste bem de diferentes formas, em que se pode destacar aqueles que querem preservar as características religiosas e outros que querem apropriar e explorar este bem patrimonial além da vertente religiosa.

O acompanhamento deste processo de mudanças nos locais destinados aos peregrinos, bem como a percepção dos atores envolvidos e das relações humanas existentes, é um importante contributo de registo e uma ferramenta para auxiliar no processo de planeamento.

Como afirma Geertz (1978), existe a necessidade de conhecer as questões políticas, sociais, culturais e históricas da época em questão, nos seus diversos aspetos, para compreender as dinâmicas dos processos atuais existentes, pois um determinado facto, visto somente através de um prisma, pode gerar visões distorcidas da sua real complexidade.

Assim, compreender como foram e são as relações existentes entre peregrinos e comunidades, entre as comunidades e o Caminho de Santiago, é um importante contributo científico para se entender o presente, podendo este novo registo, realizado com esta investigação, servir para compreender o futuro e nortear as transformações.

Sabe-se que não é possível esgotar todos os prismas, ou seja, todas as visões possíveis de um determinado objeto de estudo, mas a busca desta poli visão de determinado elemento, como a que aqui foi apresentada acerca do Caminho de Santiago Português, faz-se necessária, não só como processo de entendimento do objeto, mas também como processo de registo da visão deste bem patrimonial, de forma sincrónica, por estes diferentes grupos apresentados.

As investigações acerca de culturas são questões complexas e extensivas, em que a busca deste conhecimento precisa de manter presente que, por mais que se adentre numa comunidade, haverá sempre elementos que ficarão velados ou temporariamente inacessíveis. Assim, o investigador, tendo consciência desde processo, compreende que não é possível esgotar um objeto de estudo, haverá sempre lacunas e meandros a serem explorados (Lévi-Strauss, 2010).

Através desta linha de pensamento, e devido à diversidade de elementos que surgiram durante a investigação, devido à riqueza e relevância de conhecer e registar os elementos sociais e culturais que permeiam o presente objeto de estudo, foi despertado o desejo, ou mesmo a necessidade de dar prosseguimento ao estudo do objeto em questão, o Caminho de Santiago Português.

Referências

1.Associação Brasileira de Bacharéis. 2005. O Turismo como Força Transformadora do Mundo Contemporâneo /. Organizadores Miguel Bahl. Rosilene da Costa Martins, Sérgio Fernandes Martins. São Paulo. Editora Roca.

2.Associação/ Confraria de São Tiago - Espaço Jacobeus. s/d. Caminho de Santiago. http://www.aej.alojamentogratuito.com/index. php?news&nid=31 acesso em: 05 mar. 2011.

3.Barreto,Margarida. 2000. Turismo e Legado Cultural. 4° edição. Campinas, São Paulo: Editora Papirus,.

4.Barreto,Margarida. 2003. Manual de Iniciação ao Estudo do Turismo. 13° edição revisada e atualizada. Campinas, São Paulo: Editora Papirus.

5.Batalha, Luís. 2005. Antropologia: Uma Perspectiva Holística. Lisboa: Editora Universidade Técnica de Lisboa.

6.Beni, Mário Carlos. 2006. Política e Planejamento de Turismo no Brasil. São Paulo: Editora Aleph.

7.Beni, Mário Carlos. 2001. Análise Estrutural do Turismo. 6° ed. Atualizada. São Paulo: Editora SENAC. São Paulo.

8.Cardoso,António Homem/ Almeida ,Lourenço de. 2005. O Caminho Português de Santiago.S. João do Estoril, Cascais: Editora Lucerna, 1ª edição. P.6 – 37.

9. Cuche, Denys. 1999. A noção de cultura nas ciências sociais, Lisboa: Editora Fim de Século.

10.Choay.Françoise. (1982) 2010. As Questões do Patrimônio. Lisboa: Editora Edições 70.

11.Choay.Françoise.(2009) 2011. Alegoria do Patrimônio. Lisboa: Editora Edições 70.

12.Costa, Alcidea Coelho. Educação Patrimonial Como Instrumento de Preservação. 2006. Disponível em: http://www.trilhamundos. com.br/Portals/13/Artigo%20Alcidea.pdf. Acesso em: 22 dez de 2010.

13.Dados Estatísticos da Peregrinação a Santiago de Compostela. s/d. disponível em: http://peregrinossantiago.es/esp/servicios-al-peregrino/informes-estadisticos/. Acesso em:09 de maio de 2012.

14.Dias,Reinaldo. 2003. Sociologia do Turismo. São Paulo: Editora Atlas.

15.Duque, João. 2005. A peregrinação a pé na perspectiva da conversão. in: Compostellanum,Revista de la Arqchidiócesis de Santiago de Compostela, Volumen L numeros 1-4 Santiago de Enero – Diciembre. Edirora Imprenta KADMOS. Salamanca, P. 233 - 241.

16.Geertz, Clifford. 1978. A interpretação das culturas. Rio de Janeiro: Editora LTC – Livros Técnicos e Científicos Editora S.A. Cap I. P13 - 41.

17.Giumbelli. Emerson. 2002. Para Além do "Trabalho de Campo": reflexões supostamente malinowskianas. Editora Revista Brasileira de Ciências Sociais. - Vol. 17 no 48.. Disponível em:http://www. scielo.br/scielo.php?pid=S0102690920020000100007&script=sci_arttext.Acesso: em 01 jun.2011.

18.Gonçalves, António Custódio. 1992. Questões de Antropologia Social e Cultural. Porto: Editora Afrontamento.

19.Handler, Richard. 1988. Nationalism and the politics of culture in Quebec. London: Editora University of Wisconsin Press.

LEANDRO GOMES

20.Instituto do Patrimônio Histórico e Artístico. 1999. Guia Básico de Educação Patrimonial. Brasília: Instituto de Educação Patrimonial Histórico e Artístico Nacional; Museu Imperial.

21.Instituto de Pesquisa e Formação em Educação Indígena. 2006. Patrimônio Cultural e Imaterial e Povos Indígenas. Editora IEPÉ. Disponível em: http://www.institutoiepe.org.br/infoteca/livros/70. html acesso em: 01 fev. 2011.

22.Kaplan, David; Manners Robert . 1975. Teoria da Cultura. Rio de Janeiro: Editora Zahar..

23.Lévi-Strauss. (1973) 2010. Claude. Raça e História. 10ª edição. Lisboa: Editora Editorial Presença.

24.Lima, Evelyn Furquim Werneck. 2005. Preservação Patrimônio: Uma Análise das Práticas Adotadas no Centro do Rio de Janeiro. Pa-trimônio- Revista Eletrônica do IPHAN, vol. 2, Nov/Dez. Disponível em: http://www.revista.iphan.gov.br/materia.php?id=120 . Acesso em: 23 dez. 2010.

25.Lima, José da Silva. 2007. A peregrinação. Percursos e a palavra. Lisboa: Editora Departamento Editorial da INCM. P.1-150.

26.Lima, José da Silva. 1994. A Peregrinação: Da Antropologia à Teologia. In: MEMORIA, Revista do Instituto Católico de Viana do Castelo. Viana do Castelo: Editora Instituto Católico de Viana do Castelo. vol. I. ano I. P. 53- 62.

27. Mapa Caminho de Santiago em Portugal Caminhos de Santiago em Portugal: s/d. Disponível em: http://acaminhodesantiago.wor-dpress.com/o-caminho/. Acesso em 02.fev.2012.

28.Mapa Caminhos de Santiago Norte de Portugal. s/d. Disponível em: http://www.caminhodesantiago.com/mapas.htm. Acesso em 02.fev.2012.

29.Martins, Alcina Manuela de Oliveira. 1992. Da devoção a S. Tia-go. À Contestação dos votos Jacobeios in: I Congresso Internacional dos Caminhos Portugueses de Santiago de Compostela. Lisboa: Edi-tora Távola Redonda. P. 97 - 102.

111

30.Marques, José. 2000. Caminhos Portugueses de Peregrinação a Santiago de Compostela. Pressupostos históricos e condicionantes de uma caminhada. In: Associação para a Defesa, estudo e divulgação do património Cultural e natural, Número 6. IIIª Série. Conferência proferida na Casa da Cultura de Melgaço, em 13 de Agosto de 1999, posteriormente ampliada para publicação. Braga: Editora: Secção de Artes Gráficas das Oficinas de Trabalho Protegido da APPACDM Distrital Braga. P. 3 - 44.

31.Moreno, Humberto Baquero. 1992. As Peregrinações a Santiago e as relações entre o Norte de Portugal e a Galiza.in: I Congresso Internacional dos Caminhos Portugueses de Santiago de Compostela. Lisboa: Editora Távola Redonda. P. 75 - 82.

32. Organização das Nações Unidas para a Educação, a Ciência e a Cultura.1972. Conferência Geral 1972. http://unesdoc.unesco.org/images/0013/001333/133369por.pdf acesso em: 20 fev.2012.

33. Organização das Nações Unidas para a Educação, a Ciência e a Cultura.2008. Património Mundial em Portugal. http://www.unesco.pt/pdfs/docs/patm_pt.doc. acesso em: 20 Fev. 2012.

34. Organização das Nações Unidas para a Educação, a Ciência e a Cultura. s/d. Lista de candidaturas. http://whc.unesco.org/en/tentativelists/state=pt acesso em: 20 Fev. 2012.

35. Organização das Nações Unidas para a Educação, a Ciência e a Cultura.2007. Caminho de Santiago de Compostela. http://whc.unesco.org/en/list/669. acesso em: 20 Fev. 2012.

36. Organização das Nações Unidas para a Educação a Ciência e a Cultura. s/d Registo Caminho de Santiago. Disponível em: http://whc.unesco.org/en/list/868. Acesso em: 20 Fev. 2012.

37.Pereira, Pedro. 2003. Peregrinos: Um estudo antropológico das peregrinações a pé de Fátima. Lisboa: Editora Crença e Razão.

38. Rodrigues, Marly. 2005.Preservar e Consumir: O Patrimônio histórico e turismo. in, FUNARI, Pedro Paulo e PINSKY, Jaime (Orgs.). Turismo e Patrimônio Cultural. 4ª edição. São Paulo: Contexto.

39.Soares, André Luis Ramos, Dr. Jeckyl and Mister Hide ou. 2009. " A Educação Patrimonial Serve a Quem?", in: A Construção de Políticas Patrimoniais: Ações Preservacionistas de Londrina, Região Norte do Paraná e Sul do País. Londrina: Editora UNIFIL.

40.Silvia, Fernando Fernandes da. 2003. As Cidades Brasileiras e o Patrimônio Cultural da Humanidade. São Paulo, Petrópolis: Editora da Universidade de São Paulo.

41. Silvano, Filomena. 2010. Antropologia do Espaço. Lisboa: Editora Alfinete.

42.Turner, Victor & Turner Edith. 1978.. Image and pilgrimage in Christian culture. New York: Columbia University Press.

43.Vilhena, Maria Ângela. 2003. O Peregrinar: caminhada para a vida. In: ABUMANSSUR, Edin Sued (org.). Turismo Religioso: ensaios antropológicos sobre religião e turismo. Campinas: Papirus.

44.Xacobeo Galícia. s/d. Caminho de Santiago. Disponível em: http://camino.xacobeo.es/es/caminos/camino-frances. Acesso em 20 Fev. 2012.

45.Zanirato, Silvia Helena. 2009. O Patrimônio Cultural em Cidades Novas. Leituras da Política Patrimonial Paranaense. in: A Construção de Políticas Patrimoniais: Ações Preservacionistas de Londrina, Região Norte do Paraná e Sul do País. Londrina: Editora UNIFIL.

www.ingramcontent.com/pod-product-compliance
Lightning Source LLC
Chambersburg PA
CBHW050402290526
45786CB00003B/1087